二魚文化

楊麗玲

山居，鹿小村

推薦語

方梓 作家

麗玲多才多藝，是作家也是畫家，還會跳佛朗明哥舞，她有令人稱羨的婚姻和家庭，以為她會在都會過著多采多姿的藝文生活，沒想她跑去南投埔里過著種菜、栽花和昆蟲、水鹿相處的山居日子。

修繕住屋、鋪梯、鬆刷粉牆自己設計動手，一一認識動植物及鄰居，再以文字、攝影及畫作展現生活樣貌。也藉由山居的外在瞠視內在，蒼茫鄉野照見華燦的心靈。山居鹿小村是麗玲文學生活的大繪圖。

宇文正　作家，聯合報副刊主任

我總是追不上楊麗玲的變化，久久見一面，才知道她四處採訪，報導奇聞妙人，忽然就見她畫出一筆好畫，忽然寫了個頗受矚目的長篇，忽然……忽然她跑到山上種瓜拔草，與水鹿為鄰，與蜥蜴為伍，寫下翔實動人的山居筆記。這筆記裡有山中的靜美，蝴蝶的喧鬧，更有楊麗玲的憨直與俠氣！

東年　小說家

小說家楊麗玲在前年出版小說《艋舺戀花恰恰恰》，說自己在臺北舊城區成長；在這本隨筆散文集《山居，鹿小村》，則說在臺北生活工作多年後要遷居南投縣國姓鄉。那裡鄰近埔里、池袋，也有好山好水美名。文人棄城就山常愛大張旗鼓宣稱大隱或勞動，楊麗玲以淡筆小品感性寫生活情趣，我一看就想起臺灣三分之二鄉鎮就是位處這樣的山區或山脈尾端風化碎成的丘陵地，這種山區的散村生活文化持續數百年，能見「紅塵是非不到我⋯山村小過活，老硯閑工課．．．」的意境。

莊華堂 作家，採茶文化工作室負責人，地方文史工作者

遠離臺北的都會喧囂之後，我們的艋舺戀花楊麗玲，不再戲金戲土，她鑽進臺灣的心臟地帶，帶著先生、孩子和一顆閒適的心，來到國姓鄉山居鹿小村，遊山、玩水、蒔花、種樹、讀書、寫作、畫畫、凝思、作夢，還有好多少女時期飄過腦際的憧憬。於是，她親自動手，企圖打造另外一種生活樣態，然後以筆記錄那些點點滴滴⋯⋯。

顏艾琳 詩人，豐年社總編輯，大學講師

耕讀生活，是現代人追求身心靈自由、與天地同呼吸的最佳方式。當初知道麗玲姊於衝動之下，買了國姓鄉的農莊，我便邀她在鄉間小路、豐年兩刊寫鄉居料理、採訪當地農友。每每看她傳來的文字跟照片，總是讓我欣羡。而我也曾親訪那可愛的農莊，感受他們一家人因為這樣，重新活出不一樣的生命景致。可說時時、處處有新鮮的感動。

看了她的新書，了悟到，原來現代蘇東坡，是女的……。

没有目錄

一切的發生
始於偶然
有太多可說
還有很多
不可說
那被遮掩起來的
隱入黑洞
日子跳躍　斷裂　行進
那屬於歲月的紋理
朝向光的流動

緣緣相因
幻起幻滅
那看見或看不見的
原就存在著
無法以編碼
無法以結構

虛設目錄形同謊言
在這裡
生命翻轉的前夕
一切只是發生、發現

珍惜緣份。在這塊土地上發生的一切，歡笑也好、悲傷也好、哀愁也好、喜樂也好、流淚也好，想將生活的起伏跌宕寫下來，歲月流逝，所有的緣起緣滅，終將還諸天地，但我們老了，還有這些筆記，摘錄著曾經一起走過的點點滴滴。

是的，我想為自己、為朋友做這些。

01 山居筆記

日出東方，金氣晃耀。

我和老公放下簡單行李，放眼望去，林木蓊鬱，陽光中的綠，層次變幻豐富，飽含芬多精的空氣清新爽神，我張開雙臂，深呼吸。

行前，家人和朋友殷殷交待：「要記得拜地基主。」

對於民間禮俗，我向來視為一種生活之美，只要不太麻煩，倒也樂於奉行。嗯，且行禮如儀，敬告天地之外，還有……還有！

那瞬間，我玩心忽起，跑到大樹下噓噓。

「妳是小狗啊？」老公愣了一下。

「對呀！宣示地盤！」我得意地嚷嚷。

傻老公爆笑，竟也學樣，還發揮雄性動物的獨特天賦，從一棵樹到另一棵樹，且行且灑，讓群樹雨露均霑……。

能有那麼一個人在身邊，不在乎彼此醜態，敢於完全暴露自我，指著對方大笑，這就是夫妻吧？

道在便溺。話可是莊子說的，有遠古智者的背書，這樣不入眼的行為約莫也不算太荒唐才是。

我們來了。山居地廣，近旁別無其他人家，四週都是大樹、竹林，境域隱祕，就算光著身子晃悠，也不怕遭人偷窺，所以膽敢放肆。

這般福份，是山居給我們的第一份禮。

且敞開心胸，享受天然的自由。

這當下，老公自封「山大王」，那麼，我便是「押寨夫人」，沒有篳路襤褸的艱辛，而以滑稽突梯開啟山林之居。

我家門前有大樹。

02 山居筆記

山居，入小村。

於我，就像一場新遊戲，處處充滿驚奇。

屋旁圍籬外有一條山徑。

據原地主說，自古以來，附近農人們就是從這裡上山、下山，植菁栽墾、種菜養樹，雖說在法律上，地權屬我，但我認為，誰都無權獨佔，這農路，沉澱著一代又一代附近農民勞動流汗的辛苦歲月，當他們肩挑著豐收的農作物，或許扁擔都壓彎了，但汗水下的黧黑臉龐卻是滿足的——想像的畫面閃入腦海，我微笑，覺得能留路給人走，真是榮幸！

路旁，栽種著一排橄欖樹作為地界，年久歲深，橄欖樹已約三層樓高，恰逢盛產期，樹梢上結實累累，壓彎枝條，但我搆不到、摘不著，也不知拿這麼多橄欖如何是好？一方面，性喜單純，不願依照原地主的做法將橄欖委由商農來契作採摘，賺取薄金；另一方面，雖說橄欖用途極多，可醃製蜜餞、泡酒、燉雞……，但初來乍到，對一切還陌生得很，暫且無心做這些。

就放任自然吧！時而經過時，常聞落果聲此起彼落，見一地綠寶石滾躺在層層疊疊的黃色枯葉上，煞是美麗。

橄欖落果有新有老，掉落時間愈久者，經風吹日曬，有些外皮已乾皺、漬痕斑駁，新落者果粒飽滿，青綠怡人，也有不少落果摔傷了，淌出透明而濃稠的汁液，撿拾起來，橄欖氣味香郁撲鼻，手指感覺油黏黏的。我好奇極了，莫非這就是橄欖油？嗯，搞不好以後可以自己榨純正的橄欖油？

日前，朋友來電，想討些橄欖製醬。

這天我散步時，就彎上山徑沿路撿拾，刻意挑選看來較新鮮的落果，才走不到幾十公尺，袋子已裝半滿，見天色漸昏茫，我往回走，預備明天再繼續補充新果，或許，待朋友來訪那日，就能積成滿袋，讓她快樂帶走。

03 山居筆記

怪櫻，竟然十月開花？或許是我孤陋寡聞、少見多怪？

之前鄰舍來訪，曾說那是桃樹，我信以為是。

「桃樹」諸君幾乎每株都一副枯敗樣，枝椏光禿禿地，有些雖發枝長葉，但葉片都或焦黃、或捲曲，瞧著病懨懨地，很不上相。

但枝幹近乎銀色，樹皮爬著一圈圈紋路，十分美麗，我尋思著，可以拿來做裝置藝術、或是衣架。

日前老同學輝仔來訪，一見「桃樹」衰相，歎息：「大概都活不成了。」再又瞧仔細，詫異地說：「是櫻花？欸——葉落光，要開花了？」

今早到屋後為土芭樂澆水，赫然發現——櫻花，真的開了！花不多，成不了一樹花海，但幾朵嫣紅，點綴梢上，倒也清麗可愛。

人不照天理，天無照甲子？世道亂，天候異常，花開不逢時，是在向人間昭示著什麼嗎？好友為網路上末世說、四度空間說憂心忡忡，指為末世亂象，我聳聳肩，聽著。

任由眾聲喧嘩！我轉過身，凝望十月櫻紅，是自性本然？是邪惡？是錯亂？無論怎麼看，盡皆是美。

十月櫻紅。

山居筆記04

「我和你們一樣，對這裡不熟。」

關於山居種種，不少朋友很好奇，問這、問那的，我總是如此回答。這是真的。

會到山中居，純屬偶然。

去年底，一位想要搬回埔里、到處找房子的朋友M巧遇這塊地，覺得極好，通電話時提起，問我有無興趣？那時恰好完成手邊的案子、兒子也剛考完學測，時間寬裕，因此就開車載兒子同行，抱著好奇的心態來玩玩。原地主張爸、張媽因打算移民美國，急於脫產，次日就來電要我們馬上決定。

「要嗎？」我無可無不可，將手機拍回來的照片給老公看。

他正在做麵包，側頭瞧了瞧，望我一眼，聳聳肩，點頭。

於今回想起來，簡直像辦家家酒似地。我們對於附近環境、生活設施幾乎全然不知，只覺得房子、環境看來不錯，對方一催促，當下就敲定，將訂金匯過去。事後，幾位好友曾關心：「附近有無公車、客運可達？水土保持、化糞池、排水系統做得好嗎？生活機能如何？離學校、市場多遠……？」一連串問題，我完全回答不出來。

是很莽撞，我們並不富裕，雖手頭有些存款，幾百萬的事情，卻只考慮交通便利（離高速公路交流道、北山村街道不遠僅一、兩分鐘車程）、環境清雅，看了一回、在一天之內，就讓事情敲定！

更無厘頭的是，一般人會在鄉野山間置產，約莫都懷抱著田園夢吧？但我和老公都是懶人，從未幻想老來歸隱山林，也無那類虛無飄渺的浪漫。

一切純屬莫名其妙。

在完全陌生的鄉間置產幹麼？

直到過戶手續完成、交清餘款，我也還沒半點打算，僅曾模糊想過，或許可以借給到處流浪租房子的朋友M住吧？因此當張爸、張媽說，移民手續尚未辦妥，提出希望能免費借住半年的請求時，我們欣然同意，反而覺得鬆了口氣。

感恩，天公疼憨人！

六個月後，張爸、張媽搬走，我兒指考放榜、申請學校，竟恰恰就落在暨南大學。

那時，我和朋友M因故齟齬，關係起了些許變化。

我心想，丟著空房子也不恰當，這才有了「或許去試住看看？」的念頭。

移居陌生環境談何容易？數不清的細節瑣事、生活之需，我卻連想也沒想過，來了，才發現幾乎萬般皆備。

張爸、張媽在這裡住了大半輩子，累積了三十幾年的生活智慧，山居環境宜家宜室，水電瓦斯之類的當然有，基本的沙發、櫥櫃、桌椅、床、被、電視、電話、電子鍋、冰箱、洗衣機……到鍋、碗、瓢、盆、杯、筷、壺、油、鹽、醋……，甚至家庭必備藥物如雙氧水、白花油、消淡粉、ＯＫ繃、擦勞滅，以及針線包、曬衣架、洗衣粉、洗碗精、抹布、拖把……等，堪稱一應俱全。

臨走前，兩位老人家究竟留下多少東西？我也搞不清楚，常是需要什麼時，去找，就有了！

雖然這些曾事前協議多付了點錢，但如此考慮週詳，讓我們提著簡單行李進來，就能不費力地過日子，只能說太幸運了！

素來，我對柴米油鹽雖非完全陌生，但涉入不深，標準低，能滿足基本需求即可，重心都在創作上，因此當初，除了張爸搬走前特別主動交待的幾件事外，對山居毫無經驗、也一無所知，幾乎什麼也沒問，不懂得要問、更不知道該問些什麼？關於如何照顧這片土地的種種，腦袋完全空白，無從問起。

我只是來了，就住著，開始糊里糊塗的山居生活。

Ｍ總說，是我撿到寶。我想，也是啦！

05 山居筆記

天氣由涼轉寒，人在早晚接觸晨露和夜霧，常覺寒意沁心。

發生小小慘劇。

辛苦地收集了三大袋橄欖，放在屋角陰涼處，預備朋友來時獻寶。未料，當朋友T來訪時，我得意洋洋地打開袋子，卻見橄欖全已變樣，一顆顆黑烏烏的、乾癟難看，我的笑臉垮下來，嚅嚅地不知如何解釋？

朋友T斜眼睨我，哼哼冷笑，嘖！真煞風景。

我訕訕地，拉著她到屋外去，幸虧一樹樹的橄欖還多得是。

當下，責令老公充當壯漢用力搖動橄欖樹，我和T在樹下等著不勞而拾，只見落果紛紛，哎唷！打在頭臉身上，像被小石子K到，好痛！我們趕緊躲向一旁，大笑！

補記：那日撿拾半天，T帶走了一大袋橄欖，總算沒太對不起朋友。

後來才知道，橄欖要趁新鮮，若擺幾天就會變黑、變皺，不適合泡酒、或做其他釀製品，勉強只能曬乾煮茶。

山居筆記 06

事情總有個先來後到。

這裡的蔬菜、水果，是蟲鳥吃剩的，才輪到人吃。而未被叮食的蔬果，多數看來都醜醜的，還常有些斑疤。

這會兒，我第一次採收了園子裡的木瓜。之前一直不清楚何時該動手，昨天問了鄰居，他說：要略帶黃熟時採才甜，若太綠了採下，不夠味兒。

木瓜樹極高，結實累累，有幾顆瓜已黃熟，我踮腳、抬手夠不著，跑回屋旁的倉庫裡東翻西尋，找著一柄超長的鋸子。

自來到山居，我猶如井底之蛙，對什麼都陌生、覺得新鮮，第一次見到這麼長的鋸子，能伸縮自如，拉開來可長達數公尺，調整好長度，我舉高鋸子，輕輕一劃，木瓜就落下來了，怕被砸著，我趕緊一閃。

兩顆大木瓜跌在地上，拾起來，雖然瓜皮有蟲咬過的斑痕，但瓜身安好無恙。

這幾天，我們已陸續把前方園子裡的雜草拔除、任其就地乾枯。雖然我不懂農業，但做過些許採訪，決定效仿自然農法，讓拔除的雜草自然枯萎，在地上形成護泥的軟壁，瓜果落下不會受傷，也能涵養水土。

經過一些時日，當枯草迭受風雨浸淫，漸漸腐化，就成了天然肥料，與泥土自然融合。

養土、養地，我的心，在這裡向大自然學習。

07 山居筆記

人們都說，流過汗的收成特別甘美，但是，不勞而獲也很過癮！

木瓜在樹上誘人，我踮腳摘了兩顆半紅的，另外四顆是自然掉落、從地面撿起來的；捧回六顆木瓜、和剛才採收的大把韮菜、地瓜葉，坐在屋旁棚架下清洗時，去後山除草的老公又提回一大袋數十顆檸檬——這是新發現，我們並不知道原來後山也種有檸檬樹，幹老枝粗，結實累累。

前園、後山究竟還有什麼？很值得繼續探險。

目前已發現的，有薑、韮菜、地瓜葉、木瓜、土芭樂、檸檬、橄欖以及不知名的長豆子？桃樹？刺蔥？樹葡萄……。前幾天，鐽除屋後的一小片雜草時，又赫然喜見還有橘子、金棗、以及奇怪的紅果子（後來朋友看了，說是神祕果）據說只要吃一顆，味蕾就會被欺騙，酸溜溜的檸檬在嘴裡頓時變成甜的。

享受豐收的喜悅，但沒有一樣是我們種的。

這片土地真有趣。駐進來幾個月了，我們壓根兒沒費過任何心力，初始甚至不曾想到是否該為蔬菜、果樹們澆水、施肥？每天只顧著玩，最近才開始偶爾除草、到前院、後山逛逛（我至今甚且還不清楚產權地界到哪兒!?），也才陸續發現我們竟擁有這麼些蔬果，而新主子不聞不聞，生長其上的蔬果諸君，乏人照料，倒也照樣茁壯、分枝散葉、開花結果。

我洗著蔬果，感覺很是富足。

「不勞而獲」的六顆木瓜。

山居筆記 08

大地如此慷慨，讓人更樂於分享。

夜間，洗碗時，忽心生一念：甲所擁有的，或許乙沒有，乙多出來的，或許丙很需要，丙什麼都沒有，卻有力氣，丁老了，但智慧圓融，戊不諳俗事，卻創意十足，是天生的藝術家。人擁有這麼多，但人人卻又各有不足，若能廣結善緣，以己之長、補人之短、以己之有、供人之缺，不是很棒嗎？

人與人、與土地相親，若能互為支援、彼此分享，將使每個人都活得更富足，以工換工，以物易物，我想望著美好的初衷。

但我可沒興趣經營民宿、或做蔬果買賣，只願分享大自然的慷慨。

不知為何，我的想望，被一位朋友曲解了，她語帶不屑地表示，沒有人會願意到別人家幫忙拔草、整理環境，除非把山園變道場，才會有很多師兄師姐當義工云云。

其實，這裡堪稱得天獨厚，最讓訪者（尤其自家有地、有庭院、常為除草苦惱者）羨煞的，就是山居林木蓊鬱，多是二、三十齡的針葉樹種，大樹下少發雜草，偶爾看見時，隨手拔掉就好，因為沒有闊葉樹，庭院就算幾個月不掃，也不會落葉埋徑，細細的針葉枯黃鋪地，別有一番美感，依舊覺得乾乾淨淨；而園子裡雖生雜草，但那些雜草很有趣，彷彿是相連在一起的，從一端拔起就會連拖帶拉的拔起一大片，除草容易，而果樹、蔬菜都是天生地養，在百分百自然農法下，不照料，也生氣蓬勃，何來需要有人幫忙除草、當義工之說呢？

朋友是玩笑戲言？卻覺得氣呼呼的，讓人不解。

呵！不過，很是感恩，這倒提醒了我，一樣米養百樣人，每個人養成教育不同、生命觀、價值觀不同，我單純的想望，美麗的初衷，會被不同的人如何理解？激生怎樣不同的反應？很難預料。

望著窗外綠意森然，茶樹花苞滿枝頭，而桂花已然飄香，好一派美意自然，能傳送多遠？就順其自然唄！

09 山居筆記

除了大自然的賜與，我還擁有一座鹿舍呢！

山居所在的南港村，養鹿已有百年歷史，全村加起來不過一千人，養鹿人家就佔了將近七成，所養的鹿隻總數，據統計超過五千頭，約總人口數的五倍，而且養的都是臺灣原生種水鹿，無論水鹿的質、量，或養鹿場的集中密度，皆居全臺之冠，堪稱是臺灣最具代表性的水鹿原鄉。

南港溪貫穿全區，日據時代經化驗曾被選為全臺灣水質最佳的溪流，較之聞名的埔里水、愛蘭水，優質更甚，加上以鹿仔樹、牧草、桑樹飼養，水鹿飲食天然，所產的鹿茸向被視為極品。

昔日，張爸也曾經養鹿，但說是隨著年歲漸老，體力不堪負荷，無法砍集足夠的野生牧草，加上鹿舍每天都需清理糞便，十分辛苦，便不養了，鹿舍就變成倉庫。

鹿舍後方，陽光充足，拉著一條長長的曬衣繩。

顯然之前就是在這裡曬衣裳的。

但以我這都市人之眼看去，總覺得髒，擔心鹿舍裡雜物橫陳、藏著蟲鼠，曬衣繩又常結著蛛網，一再拿抹布擦了又擦，還是很不安心。

連日來，豔陽高照，宜於曬棉被，於是每天擦拭，發現曬衣繩不髒了、不再結蛛網，抹布擦下去也沒有污痕。

我望著手上乾淨的抹布，覺得自己真傻。

多麼簡單的道理！勤拂拭，自然潔淨。

然而，愈簡單的事，人們卻愈易忽視。

人心正是如此吧！

朋友恰好來電話，我開懷地分享心情，她卻不屑地說：「本來無一物，何處惹塵埃？神秀那套不究竟！」

噢，是呀！但我很平凡，雖然字理上明白神秀之偈不究竟，卻無六祖的大慧大能，既平凡一日，就一日勤拂拭，儘量維持不髒。

我晾掛著衣裳、棉被，陽光暖暖地曬在身上，感覺心無陰霾、通體透明。

左圖：我們的鹿舍不養鹿，剛住進來時，原本是倉庫，堆雜物、養蚊子，鹿舍後方的空地，也是山居裡陽光最充足之區。

右圖：南港村是臺灣最具代表性的水鹿原鄉。

山居筆記 10

我對水鹿原鄉的百年養鹿歷史很好奇。

據說臺灣水鹿基因特殊，難與其他鹿種交配繁殖，所以百年來，村內圈養的水鹿仍為血統純粹的原生種臺灣水鹿。想瞭解這些人、這些事，最快、最直接的途徑，是直接走進養鹿人家。

這天下午，我來到南港村四大氏族之一的羅家拜訪。

百年前，這裡原本是四庄番（平埔族）活動頻仍的領域，清末，桃竹苗、卓蘭、東勢一帶的客家族群才陸續翻山越領移民而來。

據當地耆老說，最早來到的客家人便是羅姓家族（也有一說，羅姓是海盜家族），先民們沿著烏溪而行，進入南港溪流域時，經長途跋涉，盤纏幾已用盡，與四庄番商量購地，因付不起價金，被趕到澀仔坑——在客家語中，「澀仔」是形容道路非常難走的意思，當地雜草叢生、森林密布，謀生不易。

次年，林姓家族相繼而至，向四庄番購地拓墾，快速發展，之後，盧、徐兩家族又陸續遷居落戶，與林、羅二姓，並列為南港村四大氏族，尤以林姓為最。

南港村山多谷深，地勢陡峭，土壤貧脊，只宜種植旱稻、樹薯。早年，客家先民主要以狩獵維生，捕獲山羌、野豬、水鹿、溪魚，就分而食之，並將剝下的鹿皮就挑到彰化鹿港販售，用賣得的錢，買鹽回到山裡，供應民生。

日據時期，大量伐木、製樟腦、種香茅，區內許多百年紅雞油（臺灣紅櫸，又稱臺灣紅檜），幾被砍划怠盡。

「阮阿公的時代，抓野生水鹿來飼，都是小規模，像養豬一樣作為家庭副業，每天都要去砍山油麻、鹿仔樹，綁成一綑綑擔回家，早晚各一次。」羅先生說，直到光復後，養鹿才逐漸發展成為地方經濟產業，但南港村雖是最早養水鹿之區，六、七〇年代，反倒是臺南一帶更具商業規模，而八〇年代，商人引進紐西蘭紅鹿，也將結核病源帶入，導致大量臺灣水鹿感染結核病，疫情迅速擴大，全省養鹿戶幾乎無一倖免，染病的水鹿慘遭撲殺，防疫工作持續三年才逐漸解除危機。

九二一大地震時，震爆點九份二山受災嚴重，七、八戶人家被塌陷的土地吞噬，二百九十七頭水鹿慘遭活埋。羅家也難倖免，現在的鹿鳴養鹿場是災後遷地復建的。

養殖水鹿，主要是取鹿茸，當水鹿老了，漸漸失去經濟價值，主人不忍食其肉，也為免浪費糧食，往往就會被放生到深山裡，但被圈養慣了的水鹿重回原始自然，能否適應？能否生存？晚景堪慮。夜間，不少被放養的老鹿（鹿是夜行性動物，白天睡覺，晚上覓食）會到附近果園覓食，造成困擾，有些農民一提起來，就氣得牙癢癢。

山居筆記 11

山居大不易，並非只有樂趣，還有很多很多「驚悚」。微不足道的螞蟻，就是其中之一。

初來乍到時，山居蟻患，情狀恐怖。

我從未見過那・麼・多・螞・蟻。

客廳、廚房、餐廳、房間、床頭、床板、牆壁、地面、窗台、天花板……到處螞蟻成群。朋友M是虔誠佛教徒，見不得人殺生，諄諄教我，小心將蟻群掃起來，倒出戶外，每天勤於擦拭、破壞蟻類行進軌跡。

該做的都做了，卻徒勞無功，我素來淺眠，那陣子常睡到半夜醒來，感覺皮膚微癢微麻，下意識伸手一抓，指尖逮到的，就是螞蟻。

除了活蟻囂張，蟻屍也噁心。

雖然並未噴殺蟲液，屋裡有幾處卻每天都會固定出現大量蟻屍，尤其是廚房和廁所，一早起來，就看到極多的黑點點，紛落在桌上、地面、爐台、洗手枱……，乍見誤以為是炭灰，集中掃來總有一大把，掃時還隱約發出沙沙沙的聲音，聽著很覺毛骨悚然。

有一回，烹煮完一道菜後，發現爐台上爬了些許螞蟻，猜想，或許是炒菜時湯汁噴濺出來招致的？但用抹布勤拭，螞蟻仍趨趕不盡，因尚有一道菜待完成，失去耐性的我，心一橫，轉了點火開關，火轟地燃燒起來，鍋漸熱，入油、丟蔥、爆香，爐台邊上的螞蟻，或許在劫難逃吧？我不敢多想，倒吸一口氣，快快炒菜。

烹煮畢，頗感懊惱。雖然我並未皈依任何宗派，但也樂聞佛法，尤喜禪宗，常讀頌佛經。佛家強調慈悲，許多人也常講慈悲，但究竟是語惠？還是智慧？當境界現前，才知能否經得起考驗！

我一直以為自己是善良的，平日儘可能避免殺生，來到山居，反倒卻屢犯殺戒？瓦斯爐台邊，蟻屍遍野，是被炊火給烤焦或熱死的嗎？

為免蟻類再遭火劫，餐後，我十分仔細地擦淨爐台，連瓦斯爐心、爐盤及鍋架都拆起來清洗，以為這下蟻類就不會再跑到爐邊了。

殊料，我才離開片刻，又回到廚房想拿杯子時，卻驚見爐台上萬頭鑽動，擠滿了密密麻麻的蟻，猶如大軍壓境！

那陣仗之恐怖，放眼望去，黑鴉鴉一大片，讓人心頭發毛！

怪異景象因何而起？蟻類為何瞬間大量聚集？是菜汁殘屑猶存？是蟻屍氣味飄散？或蟻魂作怪？

如何是好？我皺眉，拿鍋鏟使勁敲打流理台、爐台，試圖嚇走螞蟻軍團，一邊默誦著往生咒，並與蟻類商量：「我知道這山區是你們長久的居住地，但屋內是我家，請你們回到大自然吧，我不殺蟻，蟻不犯我，人蟻殊途，各有空間，彼此相安無事……何苦一直擾人生活？逼人使出強烈手段？」好言相勸、威脅利誘，十足阿Q。

為了驅蟻，搞得我筋疲力盡。

到處詢問、上網查詢，各種除蟻、驅蟻、滅蟻的方法，只要聽說有效，都願意嘗試。

說是螞蟻怕酸，用檸檬水擦拭家具、牆面、地板可防蟻，於是有幾日，從園裡摘來的無子檸檬，全奉獻出來，但效果不彰；聽說痱子粉有效，而且最好是明星牌，那種祖母時代的老牌子可不好買，我對附近生活環境不熟，幸虧朋友千尋萬覓、幫忙買來一箱，暫解燃眉之急。

我如法炮製，在屋裡屋外，牆角、牆沿、窗枱、門檻、屋簷下、房間四週、廚房地面、流理台……任何蟻類出現的路徑上灑滿了痱子粉。

這回倒是見效了，但效果是漸進的。

一開始，仍每天出現蟻群、蟻屍，數量逐漸減少，而後果是整間屋子到處白濛濛地，不知者，乍看牆邊、窗邊，還以為是發霉，就別提有多難看了！尤其剛灑上的前幾日，整間屋子散發著強烈的痱子粉香味，對氣味十分敏感的我，苦不堪言，夜不成眠，待在室內，感覺一呼吸，鼻腔、口舌都似充滿痱子粉，一直想吐掉口水。

蟻患仍未絕跡，只是逐漸緩解。

山居筆記 12

窗外，各色花蝴蝶來去悠忽，飛得好不熱鬧。

我想起前幾日清晨，靜佇在肖楠樹上的那隻墨綠色蝶。

那蝶，約碗口般大，通體墨綠，蝶翅上僅有葉脈般的紋路，此外，沒有任何多餘的圖案或花樣、也沒有鮮俏的色澤，我喜歡那沉沉的墨綠色，用美麗來形容，還嫌輕佻。

那日，因為身邊沒帶相機，沒能拍下來，倒也不覺得可惜。

我向來不強求，對我而言，人生少有非如此不可的事，總是順流到哪兒、就是那兒了，這些年來，交朋友、寫作、畫畫、習字、生活……莫不如此，順受來者來、去者去，唯隱隱約約有著明白的方向，事事發展也不致偏離太遠。

聽說許多人寫作、畫畫，常自幼就是文藝少男、少女，但我不是，從小，我就愛看閒書，百科全書和漫畫常在床頭，卻不曾想過要寫作、畫畫。

猶記得國中時，一位同學說長大後要當記者，那時，愚騃的我，尚且不知道記者是幹啥的？常識封閉得很，沒想到日後自己卻進了報社工作。

年歲漸長，一些好友年少時的追尋都丟了，反倒是我替她們把夢全做了！而且細數來，竟沒有一樣是我曾經有過的夢想。很多小女孩都曾幻想要當美麗的新娘子，而印象中，我甚且不曾想過要結婚、當母親，而今，卻樣樣都經歷了！

總以為，人生大方向，應是深思熟慮後，才作出正確的生涯規畫，但回想起來，我人生的許多轉折，卻似乎大都毫無預警，沒有伏筆，就發生了！

當初，會買下這片土地、移居山林，過程也一樣突然。

我曾經以為人生充滿意義，重大事件的發生，都會有先兆，其實卻不然。

冥冥之中，所有的發生，在歲月裡流淌而過，彷彿自有其軌跡、輕重變化，並非個人意志、籌謀就能決定。

原以為蝴蝶活躍於春、夏，但聽說入冬後，很多蝴蝶會飛到深山避風的谷地過冬，那山谷的樹上就會掛滿了蝴蝶；或許山居雖非谷地，但後有屏障，前回經歷颱風，感覺風勢也不大，天雖漸漸轉寒，依舊聚集著許多蝴蝶，在庭院中熱鬧飛舞，煞是美麗。

然而，我沒有記得其中任何一隻。唯獨對那隻墨綠沈沈的蝶，才見一眼，就印象深刻，時常想起。為什麼？我不知道。

走在庭院裡，我幾番尋覓，不曾再見到相同的墨綠色蝶。

來者，為何來？去者，為何去？昨日、今日，彼一時，此一時，人的心變動不居，因緣生滅也如此吧？生命中的許多事，也常是來得突然、去得離奇，為什麼？我不清楚，望著窗前蝶影紛然，對明天的明天的明天充滿好奇。

13 山居筆記

這裡的陽光有趣。

或因已入冬，雖豔陽高照，屋舍內外皆不懊熱。

在屋前庭園裡吃了早餐，一會兒洗衣、曬衣，一會兒修枝剪葉的，忙忽好一陣，雖說山居老樹森然，但是按理，隨著陽光由東朝西漸進挪移，樹影應也會變換位置才對，然而，幾個小時下來，滿庭樹蔭依舊，涼爽怡人。怪哉！

疑惑在心裡盤旋多日，我開始觀察、記錄，每天在不同時間，抬頭尋找日頭的行徑和樹影的對應關係。

這才漸漸明白。

原來，先是這棵大樹擋住了烈曬，隨著日頭由東朝西，其他大樹就輪番接棒，無論陽光走到哪兒，庭院裡都

每天在不同時間，抬頭尋找日頭的行徑和樹影的對應關係。

有遮蔭，所以，從早到晚，山居皆一派清涼，不管晨昏、甚或日正中午，隨時都能在戶外樹蔭下閒坐喝茶，但有些地方，例如鹿舍一角、和車棚旁的空地，卻從早到晚日照充足。偌大山居裡，恰恰就只在這兩處原就拉著長長的曬衣繩。

放眼望去，山居林木成群，疏密錯落有致，間隔時大時小，所承受的光曬、造成的樹蔭純屬巧合嗎？

莫非這都是張爸生活在此，長時間觀察仔細計算，刻意安排每棵樹的最佳間距？評估陽光的行進，哪兒該種一棵肖楠、哪兒種一株南方松？哪兒應立一排龍柏？哪兒該空出一片天，讓陽光露頭？幾十年下來，才成就了這般天然清涼？

山居好光景，是老先生夫婦在此居住三、四十年的情感累積，處處顯見其用心與生活的智慧。

前人種樹，我們何其幸運，坐享其成，感恩、珍惜，願我們來了以後，也有能力繼續維護、善待環境，不愧前人。

山居筆記 14

天不冷，但山居早晚溫差極大。

夜間睡不著，起身，發現窗外一片明亮，好奇地披衣走到屋外探看，天上一輪滿月把天空、地面都照亮了。

樹梢上，迎光面的綠葉都成了銀色，燦然生輝。

天地好靜，無風、也無蟲鳴。

在門庭前獨坐片刻，感覺挺好。隱約地，卻也有一股涼涼的寂寞襲上心頭。

山居筆記 15

不是都說深秋楓紅、十二月聖誕嗎？時序立冬，但山居裡的楓樹多還翠綠可滴，僅零星幾葉轉黃，反倒是十多棵聖誕紅散開蓬蓬紅葉，熱鬧得很。

輝仔、輝嫂帶著大媽的妻（瑩玓）兒及友人陳大哥夫婦來訪。雖經喪夫之慟，但瑩玓容顏是安詳的，虔心學佛的她租地種菜、在慈濟擔任義工，生活依然充實。她一手好廚藝，昨日備了許多菜餚來，加上輝仔煮的米粉湯，大夥兒在戶外閒聊用餐，十分愜意。

餐罷，一群老孩子（只有大媽的兒子還是青少年，而除瑩玓外，餘者都年過半百囉！），拿著長竹竿、長竿鐮刀等傢俬頭仔，到後山打下好大一袋橄欖，濃郁的橄欖香味漫泗於空氣中，讓人身心清爽，還發現了楊桃樹、並找到那株隱於肖楠林後的大檸檬樹，落果滿地，顆顆都比拳頭大，撿摘了大半籃，提在手上，好沉。橄欖怕不有數十斤？輝嫂勸誘我留下一些，但最近事忙，做它來吃？時間有限，於是，瑩玓被賦以重責大任，要將多數橄欖帶回去做成酵素，輝嫂和陳嫂則拿了小袋，打算試作蜜橄欖，就不知做成時，我有幸嘗到否？

可惜的是，我還是沒養成習慣隨時以相機記錄生活，常是到了要以文字記錄時，才想起忘了拍照，瑩玓的好菜在山居筆記裡看不到了，呵！除非下回她再帶佳餚來訪。

幸虧陳大哥攜來的肉桂葉和桂枝得以留記，之前，我種下的香椿、桂樹苗都是拜他之賜，那桂葉泡茶極香，以桂枝皮泡茶則更濃郁，且帶有獨特的月桂甜味，據說桂樹長得慢，真不知我那小桂樹苗何時才能茁壯成大樹？讓我也可隨時採桂葉入茶饗客、並分贈朋友。

濃郁的橄欖香味漫泗於空氣中，讓人身心清爽。

山居筆記 16

從這裡，向世界開一扇窗。

我來山居，有這樣的想望。

把生活拿來玩。

把玩出來的一切，與朋友分享。

不僅ＰＯ上ＦＢ的文字，橄欖也好、蔬果也好、果醬也好、手工藝品也好，一幅畫好、一泡茶好、一棵樹好、一餐食好。天涯若比鄰，氣味相投者、喜愛此處者，近悅遠來，來者是客，也不是客。

人與人、與自然、與土地，能親近到什麼程度？能無掛礙、無障礙地互動到什麼地步？

交換的概念，有沒有可能在這裡實踐？

看上一幅畫、一隻碗、一個杯，可以掏錢議價，沒錢，能否以彼此同意的方式、對價勞務、物品、餐宿權來交換？

或許一位旅者來了，幫忙鋤後山的草、打掃屋舍清潔，可得一餐一宿或更多，什麼都幫不了、給不出的，則釋出他在異國居處的一日食宿權也行，我若高興，還能將這異國一日食宿權，再與他人交換別的。

這樣的念頭，有些朋友噓，有些朋友讚，有些朋友嗤，也有些朋友惱怒，說是來妳家還要打掃廁所？免談！哈哈哈！我可沒硬性規定任何對價關係喲，若有朋友想用一隻掃把，換我新作的一幅字畫，只要掃把能哄我高興，誰曰不宜？
不過就是圖個高興，來者不必是客，既對價付出，彼此說好，就算認可。
太天真了嗎？這樣的想法。
嗯，再想想。

17 山居筆記

鄉間奇人異士多，有獨特想法者，常就有一套獨特的生活哲學，雖各異其趣，卻又異中有同、不謀而合，正所謂「德不孤，必有鄰」嗎？

這裡有一群朋友，週六時會聚在一起，喝喝茶、吃點心，交換生活心得，也交易彼此的農作、手工製品。誰家的米或菜蔬豐收了、自家釀造的酵素、水果醋、自製各類日常用品……，誰家多了些什麼，就拿到這裡來分享、交換，每樣東西，都強調有機、健康、養生，因為是自家產製的，量都不多。

那天我去，大家正忙著做紫雲膏，說是某某寺廟訂製的。在這裡，紫雲膏是與人結緣的非賣品，取者贊助與否，隨人發心，並不強求。

芝麻油熬煮著中藥材，濃冽的香味飄揚著，煞是好聞。我取過數盒，用過的經驗是，刀傷蟲咬都行，特別是燒燙傷時，厚厚一層塗在患部，很快見效。

過慣都市生活的疏離，來到山居，我的觀念和生活，似乎也悄悄起了轉變。

沒有人可以是孤島，也沒有誰是全才，交換彼此所擁有的，樂於分享，人生更寬廣。

山居筆記 18

日前，因故回臺北一趟，臨走前，又在屋內屋外撒了大量痱子粉。

幾天後，再回山居時，卻發現，屋內，竟然沒・有・螞・蟻。

是痱子粉奏效？亦或漸漸入冬？還是有其他原因？

這裡的蟻群，和我所知道的螞蟻習性大不同。

大家都說螞蟻嗜甜，只要將糖融解混合硼砂，誘使蟻群搬食，蟻后吃了含硼砂的糖就會失去生殖能力，一陣子後，螞蟻就會絕跡，這等有點殘忍的手法，我試過，卻無效。

也曾經聽朋友建議，刻意在牠們行進的路徑上，擺些食物，但是，螞蟻卻毫不領情，仍自顧自汲汲奔忙，並未如預期受到誘引。

蟻群時而突然大量出現，時而突然減少，而今，又為什麼完全匿跡？

學佛的朋友說，痱子粉是有效，但蟻群不可能因而絕跡，且功效僅能維持短暫，必是我天天持頌《地藏經》回向奏效，口吻很是讚歎！

真的嗎？我可不敢往自己臉上貼金，頌經回向給螞蟻，不過就是順便！神佛有靈無靈？凡人如我，不敢亂說。

總之，百思難解，對於大自然的一切，我太陌生了！

山居筆記 19

終於，在菜園裡撒下第一把種子。

我對於生活的適應總是很慢，來了許多日，才清理出一小方位置，用磚塊圍起兩畦菜圃，和老公各領一畦，分別負責墾土耕種。

現下正是菜蔬適種期，老公畦撒A菜籽，老婆畦撒香菜籽。「你如果對我不好，香菜就不分你吃！」我孩子氣地說。

陽光灑下來，一地金黃。

菜圃裡的土，纏雜著黑色灰燼，是收集園裡各處落葉枯枝燃燒後的結果，擬似古老的火耕，在自己的土地上，物盡其用，取於自然，回歸自然，這是我們想要的墾耕方式，將來所有的肥料都取自廚餘做成的堆肥，目前，在朋友的幫助下，已從資源回收廠購置大堆肥桶三隻。不放發酵劑，一層廚餘、一層土，讓腐化過程不易滋生蚊蠅，又能自然進行。

這是我們第一次砌成的簡陋菜圃，當上面滿覆落葉枯枝燃燒後的黑色灰燼時，曾被笑諷像垃圾堆，丟臉得很。但灑下去的菜籽很快就冒芽茁長。

山居筆記 20

連續多日有朋友來訪、小住，歡欣迎納。

之前想要實踐的生活分享概念，馬上受到考驗。

如果只是三兩個朋友，美美地煮一餐、兩餐是樂事，但若來者眾，款待過程從採買、洗切煮，到用餐後的收拾，都成了很大的負擔。

而且一旦多住幾日，設若生活習慣不同，例如有沒有隨手關燈？進出有沒隨時關好紗窗，以免蚊蟲飛進潛入？離去前有沒有恢復環境？是否留下很多垃圾？吸菸者使屋內殘留菸味……

可能遇到的問題，真多。

那幾日，朋友時而在房內抽菸，屋內就染了菸味，改而到屋外平台上吸菸，雖關了落地紗門，兩門之間卻未闔緊，蚊蟲就趁隙而入，吃東西時，食物碎屑、湯汁落在桌上、地上，雖是很平常的事，以前我不會太在乎，餐罷擦淨就是，但在山居，那可是易招螞蟻和蟲蟲的，遇到諸如此類的事，我會馬上將紗門關緊、撿拾食物碎屑，將桌面地面拭淨，但又怕朋友感覺不悅，只敢偷偷做，搞得自己很緊張。

我也知道，換個角度想，既住山居，就應該學會與自然共處、昆蟲算什麼？熱愛自然的朋友甚至建議，工作室不要蓋成密閉空間，以竹編為牆，室內室外連成一氣。想像中的畫面美極！但這樣蚊蟲也就隨時能長趨直入，我怕呀！

至少目前的我，不・可・能。

不過，我其實還挺好奇的，在此久住一陣子後，是山居會改變我許多？或是我改變了山居更多？

山居筆記 21

生長於屋後的土芭樂，真好吃。

但部份果子長相欠佳，外皮坑坑疤疤，黃熟時不過女人拳頭般大，常在枝上就被鳥啄了，而一地落果，更是蟲啃蟻食，皮開肉綻。

散步時，那土芭樂香味，在清晨空氣中漫泗。

與鳥蟲爭食，雖勝之不武，顯得小氣，但人與鳥蟲地位同等，牠們吃得，我難道不行？嗯哼，彎腰撿拾幾個形貌較完好的，雖黃熟落地，又被鳥蟲食過，反而比摘自樹上的青果更香甜呢！

寫稿渴了，原是想泡茶，聞到擺在桌上的土芭樂香，一時興起，挑了幾個十分熟軟的，又切挖一顆百香果，加少少的水，混合打得濃稠，添加一比一的琴酒，滋味挺好，喝著喝著，竟微醺。

上回阿丁來訪時，饗她以琴酒混檸檬汁，說難喝，下回再來，要請她試試這款，若嫌太烈，另試了兌入龍泉水果系列台啤，別有另一番風味。

山居筆記22

不明白，同時撒下的種，為何成長速度差這麼大？
種下菜籽一週以來，有些菜芽子已高如食指，有些卻不比米粒大？
明明是相同的時間、土地、陽光、水份，莫非每顆菜籽先天條件不同？
人，也是這樣吧？先天遺傳、後天環境殊異，成長、發展也差距極大。
這讓我想起這輩子唯一一次當家教。那小女孩胖乎乎地，模樣可愛，一副聰明相，卻功課奇差。月考前，我幾乎把題都抓對了，一一讓她試作，仔細講解，可是，月考考卷拿回來，仍是滿江紅。

我無法理解，一模一樣的題目（出題老師夠懶，題型未改，連數字都照抄參考書），每題都曾讓小女孩試作過，錯了、修正、講解、重做，直到答對為止，為什麼考試時還寫錯？小女孩傷心，我則氣餒，從此再不願當家教。

自己有了孩子後，看著他成長，時而跌跌撞撞，從小讀書一路順遂的我，曾一度無法理解為什麼？漸漸地才明白，人各有長短，有些早慧、有些晚熟、有些強悍、有些怯懦。強者或許難以體會弱者的無助，聰敏者或許難理解魯鈍者的困境，有些人性格乖張、執拗，有些人開朗、樂觀。不曾痛過的人，對於他人的痛，或許難以感同身受。

這麼簡單的道理，誰不明白呢？但那明白，是否真明白？或僅是理知上的想當然耳？

大大小小的菜芽子們同處一畦，我靜靜地澆水，彎腰拔掉混生其間的新冒出來的雜草，直起身來，收妥水管，抬頭望去，眼前，天高地廣。

山居筆記23

我，誤殺了十二個土芭樂娃娃。

山居多日，之前幾個月裡，未想過是否該為花木剪枝、澆水？每天在屋外走來晃去地，任其大樹森然、花木纏錯，不加理會。之前連續廿幾天，日日豔晴，無一滴雨，那株土芭樂勇健依然，只是枝上有些果子枯了，乾硬成黑褐色。

幾天前，在為金萱澆水時，念頭閃過，就也順便灌澆土芭樂樹。

幾日後，赫然發現枝上的土芭樂變大了！

之前，果子多只如我拳頭般大就熟了、落了，偶有一、兩顆能如男人拳頭般大，是屬特例，但今日枝上果卻有許多顆比男人拳頭還大些，且色澤翠綠飽滿，猶青春盛壯。

是因為連澆了幾日水的功勞嗎？我驚訝！

這株土芭樂，果肉香甜，無人澆水、施肥，也不鬧脾氣，照樣活得熱烈，為爭陽光，粗枝都插上天了，果子高踞雲端，讓人望之興歎。

聽人說，樹要常修剪才長得好，一時壯興豪飛，取了長、短剪子來。

原先是稍稍剪葉修枝，只挑破葉、殘葉、黃葉、斑斑點點的不良葉、枯枝，踮足尖搆不到的，就搬來椅子墊腳，小心翼翼，避免誤剪，愈剪愈順手，漸而放膽開鍘，左咔嗟、右咔嗟，廢葉殘枝紛紛落下，只覺暢快。

「捨得剪，樹才長得好。」友人曾說。我心頭篤定，愈剪愈膽大，一些粗枝拔天長高，綠葉滿枝，卻不結果，瞧著很不能允許，但覺長剪子不夠力，興沖沖地又去取了鋸子來。

這粗枝鋸斷了，危危倒下，安全落地，驚險！

那粗枝被鋸呀鋸地，卻身斷皮不斷，攔腰卡在另一端主幹上，費我九牛二虎之力才將它拖下地。

有時粗枝把鋸刃緊緊卡咬住，死活不放，得喚老公來助一臂之力……

明明我是很謹慎的，左顧右盼，爬上爬下，仔細察看，小心避開結了果子的枝椏，然而當我以勝利之姿，整頓領地，拖開那些頹然倒下的斷枝殘梗時，發現有幾顆乒乓球般大的綠果壯烈犧牲了，不禁哀歎！

已頗不捨，再又驚見另一枝椏的綠葉蓬蓬間，上下左右聚生著一、二、三……七、八、九……共計十二個土芭樂小娃娃，狀似清真寺塔尖般的果娃兒，最大的不及花生米，最小的不過米粒大！

我慘叫一聲！

在稍遠處除草的老公，嚇得拔足奔來探看。

於今，以文字記錄時，覺得滑稽，但當下真是哭了出來。

誤殺十二個果娃兒和數個青春小不點，很難形容那種感覺，外人看了，大概只覺荒唐？若我是旁觀者，甚至會認為矯情吧？

而那當下，我哭，老公愣了愣，繼而大笑，我氣得搥人，他一路逃跑，我一路追打。身後，無辜損枝傷嗣的土芭樂樹，颯颯無言，不知作何感想？

山居筆記24

事有蹊蹺。

菜園裡，那些小如米粒的，也是菜芽嗎？今晨澆水時，我突然心生疑惑。

呃…搞不好，它是雜草？

隨著日子長進，撒種下去的香菜和A菜，有幾芽已略見其形，愈顯得某些小小綠苗子可疑，瞧那外貌，分明相去甚遠，漸難魚目混珠。

噢！若果如此，連日來我努力拔掉的，嗯……，可能才是真版天子，澆水呵護的反倒是以假亂真的訛貨？我愈瞧著菜圃，愈發心虛，拔野草的手很是無力。

這日，有種菜經驗的朋友來訪，我請他入菜園鑑定，他望著那些苗芽，沉吟著點頭、點頭、再點頭，繼而捧腹大笑。

哎？唉！

我愕然，仔細點數，兩畦菜圃裡，目前能肯定是香菜或A菜的，加起來約莫十多苗芽，其他的概屬贗品。虧我之前，還「望菜生義」，揣測菜芽子或許猶如人有三六九等、資質各異，大作文章，原來不過是強加穿鑿附會，自以為是，汗顏！

哇哈哈！朋友笑得幾乎倒地不支，而我則一臉淒楚，滿懷悲壯的覺悟！

上圖：香菜右邊的是——菜芽子或雜草？

下圖：菜圃裡滿滿的綠芽子，呃，原來是——雜草！

山居筆記 25

有朋自遠方來，開心。

一早就跑去屋後摘土芭樂、挖薑，不留神摔了一跤，雙手多了四道小傷口，洗去血跡，又去撿拾橄欖。

園裡菜籽才剛又重新播種，尚吃它不著，只能求助於市場。

拜導航系統之賜，順利找到之前埔里朋友帶我去過的早市，專尋在地小農交易，自家種、吃不完拿出來賣的蔬果，賣相雖差，菜有蟲咬痕、絲瓜長短肥瘦不一，茄子、小黃瓜彎彎曲曲，猜想應未灑農藥，吃得安心，滋味似乎也特別甜。

都市居，我原是不挑剔的，有些朋友專進有機蔬菜店，但價格既貴、是否真有機？還待商榷，我總想著，既是大環境如此，若為果腹，方便就好。

來到山居，市場裡不缺在地小農，多了機會挑三揀四，當然得好好珍惜。

海外朋友平日吃多了珍饈名菜，啥也不稀罕，既來訪，我就想，頂好是從在地菜蔬下手，饗以素淡輕食，舒緩他們刁鑽的味蕾。

回家烤了茭白筍、魯茄子、以新鮮百香果涼拌生菜沙拉，早晨摘自攀附於圍籬的野生山苦瓜，正好拿來燴豆腐、又焙了一條絲瓜，桌上，無魚無肉似不見歡，於是，席中，又補上胡椒煎鮭魚和刺蔥佐紅燒肉片，吃喝盡興，一千ＣＣ的大瓶威士忌竟很快見底，又去翻出琴酒來，擠壓了從園子裡摘來的檸檬汁兌入，那無子檸檬，香啊！較之我過去從市場買的檸檬，多了一股獨特香氣，不知是因為得自天然亦或品種特別？至今未去探究。

是樹多？氛多精濃？來到山居的人，似乎都特別能放鬆。

向來個性嚴肅、謹言慎行的D竟喝到茫，打開話匣子，心情如潮釋放，什麼都能談；阿丁驚訝地瞪著美麗的大眼睛，直呼少見，很節制地啜著琴酒加檸檬汁，猛喝茶和咖啡，儲備歸程的精力，她負責開車，可不能喝醉。

杯觥交錯間，月，悄悄挪移。

山居筆記 26

庭院裡，大樹高聳入天，但雜枝亂出、錯椏鑾纏，兼之，前方超過三層樓高的南方杉枝繁葉茂，遮去大半陽光，有些樹長期日曬不足，很有些枝葉乾枯，需要整頓。

晨起，老公和我分執鋸子和長剪子，開始修枝剪葉。

一回生、二回熟，現在的我們，下手毫不留情，有些龍柏和肖楠乏於照顧，低處分幹，已粗如男人大腿般粗，照鋸不誤。片刻，就見枝椏滿地，七、八株龍柏和十數株肖楠經過修剪，俐落多了！

之前不懂，後經高人指點，才知其中有些龍柏病了，有一株母幹還快被蛀空了，多株肖楠也被蟻群盯上，前景堪慮。若不理睬，這些二、三十齡的珍貴樹種恐將不保。

我不願殺生，老公斥我：「婦人之仁！」

他待我，向來寵愛，幾乎言聽計從，這回卻氣魄得很，硬是將據說是環保產品的某種殺菌劑（拜爾出品，與貓狗除蚤專用劑相同成份）依指示比例稀釋，揹起噴劑桶（一般用以噴灑農藥的工具），噴灑病樹。

我在一旁生悶氣，他也不理我。

生存競爭，是殘酷的。為了生存，蟲、菌吃樹，樹就該死？當蟲、菌危及樹的生存，人類為了讓樹存活，就噴藥對治，是蟲、菌該死？如果哪天人類危及他類生靈，又劣居弱勢，是否就會被更強勢的生靈給消滅了？

人類觀點，狹隘的是非對錯，難以詮釋、評價大自然的生存法則。

事實上，我很清楚，即使我願意學習慈悲為懷，儘量不殺生，但若蛇虺蟲蟻真危及我的生存，我還是會毫不猶豫地將之滅除吧!?

凝望老公揹著噴藥桶的背影，我反省、思索著，沒有答案，無名的淡淡哀愁升上來，心裡一陣悵然。

山居筆記 27

蝸牛會吃菜、葉？嗯，聽說過，也實際見過無數小蝸牛爬在木瓜上的景象，卻都沒當一回事。

今天慘劇發生了！

蝸牛，吃・光・了・我的香菜。

前天就覺得可疑，晨間澆水時，隱約察覺僥倖活下來的香菜數量似乎變少，因為趕著出門，沒多注意。

今晨如往常般到菜園，才拉起水管，放眼望去，香菜竟然都不見了，菜圃裡只賸雜草。

不對呀，我蹲下來仔細找，之前因香菜莖杆瘦軟，為免其癱倒，我還特地用石子、磚塊等做為護欄，在一旁撐起菜苗，小心呵護著。

石子、磚塊仍在，但香菜失蹤了，磚石旁只見蝸牛壓在可憐兮兮的香菜斷莖上。噢喔！我懂了，這廝正在大塊朵頤是吧!?

我拉著水管傻笑。兩個月、兩畦菜圃、每天澆水、拔雜草，定期施肥，於今碩果僅存A菜一株，和快樂過癮的蝸牛先生！

整園的菜一夕消失，晨起，只見罪魁禍首的蝸牛仍在殘存的香菜莖上快樂嚼食著。

山居筆記 28

一日醒來，發現後院一片紫花似錦。

這山居裡，我不認識的植物也太多了——不，該說是我沒認識幾樣，幾乎都是驚訝於新發現，才到處問人、或上網查詢。

原來這熱鬧非凡的紫花串，叫做蒜香藤，為紫葳科蒜香藤屬下的一個種，又名「張氏紫薇」、「紫鈴藤」，一根根莖蔓上，綠色葉片輪生，揉搓後有明顯的大蒜味道，因而被取名為蒜香藤。

未開花前，其模樣平凡，因此一直被忽略，誰知一開花，繽紛華麗，讓人驚豔，綠色叢中，大串大串的紫花開在莖蔓上，十分搶眼。

香蒜藤分枝極多，灰綠色的嫩莖、和灰褐色的老莖像長爪子似地向外伸展，莖蔓有力，有些老莖緊纏住旁邊的櫻樹，若不修剪掉，那棵櫻樹恐怕就活不成了。

那些天，我常流連於後院，修枝剪葉，約一、兩週後，紫花就開始陸續凋零，繼而蒂頭就生出細長的豆莢（識者說，那非豆莢，只能說是豆莢形的蒴果），這波紫花開過，又會有另一波新豔綻放，交相輪替，熱鬧活潑了一、兩個月。

近日得空，總算第一次打開畫具，就畫香蒜藤。

不少顏料太久沒用，乾硬了，難以化開，蘑菇好些時間，天色漸沈。

愈近傍晚，蚊子愈多擾人，一手提筆，得騰出另一手來揮趕蚊子，減損了畫興，只得一幅。

山居筆記 29

朋友說，要來這裡度假，享受幾天神仙般的別墅生活。

是嗎？那她可能會失望。

因尚未決定是否搬來，一切從簡，傢具、電器、用具都未添購換新，至今衣服也還塞在行李箱中，每天掏出來換穿，洗後曬乾又塞回行李箱。

杯杯盤盤是前屋主留下的洗淨、滾水消毒後，將就著用，擎著印有「保力達」紅色字樣的玻璃杯喝酒、喝果汁、用大同公司贈送的長盤子裝菜、裝湯的大碗公底部是「文鑑中西參藥行」。

目前，只有這隻壺是我的，流線的極簡造型，賞心悅目。

還要多久，這裡的生活用品才會陸續汰換，真的完全屬於我呢？

當時山居用品中，只有這隻壺是我帶來的，剛採下的無子檸檬也都是前屋主種的。

山居筆記 30

雖識者都說現在非種絲瓜的季節，但之前撒的種子發芽長葉了，今早，從小盆裡移植到上坡道旁，讓它有籬可攀長。

那是日前開車出門，在路邊人家屋前樹上看到好大一顆絲瓜囊，大樹足有兩層樓高，已乾老呈褐色的絲瓜囊就攀在樹梢上，蔚為奇觀。

看著有趣，忍不住下車和屋主攀談，還厚臉皮地討瓜，屋主抬頭望了望，說：「那麼高，摘不到呀！」同行的朋友已衝到隔壁農具器械行借來一柄長杆子。

門庭前，屋主的小孫子才兩、三歲吧？赤著腳丫子在一旁顛登玩耍，我想起車裡有朋友剛才送的一盒巧克力，借花獻佛，掏出來請客，那小娃兒圓眼睛咕溜溜轉，害羞地躲在阿公腿旁，我勸誘多句，阿公笑呵呵地點頭，他才怯生生地接了巧克力，十分乖巧有禮。

鄉鎮小民熱忱良善，屋主願意慷慨贈瓜，奈何長杆子還嫌太短，他乾脆爬上屋前的棚架子，費了不少勁兒，長杆子才總算搆著那顆大絲瓜囊，費勁把它給摘了下來。

我抱著瓜囊回家，喜不自勝，輕輕朝下搖晃，囊內種子逗、逗、逗地響、紛落出來，種子可育苗種瓜、乾燥的瓜囊就是老祖母時代的傳統菜瓜布。

朋友或許以為，我是因不花錢得來而開心，但我貪的哪裡是菜瓜布、種子或種苗呢？在菜籽店裡，幾十元、百元就能輕易買到不少，何需如此大費周章!?我貪愛的是，偶然在路邊街角，遇見濃濃人情味，雖彼此素昧平生，那位阿伯贈瓜的情份，頓時讓這瓜囊價值不菲，讓我感覺特別富足，感恩人世的慷慨。

我馬上就想種這絲瓜，雖知季節不對，但心頭熱切，次日，就進行育苗，幾天後，養在小盆裡的種子很快就發芽、冒葉，能夠移植於泥土中，而人情可貴，不分季節，但願呵護那善緣絲絲如縷、瓜藤綿延。

瞧見沒，這絲瓜囊比塑膠凳子、小水桶和鏟子大多了！

山居筆記 31

山居生活於我，是全新的開始，宛若進行一場實驗。

有些朋友覺得我很勇敢，卻離事實很遠。

出生、成長於都市的我，不曾長時間離開臺北，尤少鄉居經驗，對農事陌生。

朋友們每每最擔心的，是蛇！

但我尚顧不及牠，目前，單是昆蟲一項，就足以令我每天的生活尖叫不斷。

莫說蟑螂、壁虎、蛛蜘、鐵線蟲（據說其實是蛾的幼蟲），我連螞蟻都怕呀！（這些是目前曾在屋內見到的）

屋子不大，但一到夜裡，每回從一個空間到另一空間（例如從房間到另一房間，或走到廁所、廚房、客廳），都得一路先打開燈，看清楚、瞧仔細才敢往前一步，屋裡到處擺滿了昆蟲夾，偶爾發現昆蟲，就嚇得尖叫，喚來老公夾昆蟲，可能我驚嚇的程度與次數也太誇張了，老公無言得很，漸漸坐視不理、酣眠自若，任由妻子自生自滅，我脊背發涼，頭皮發麻，只好自己拿起夾子抓蟲——呃！

我怕，蟲子更怕吧？

蟲子驚慌地逃，我驚慌地追，落敗比例居多，除了笨笨蠕動的鐵線蟲手到擒來之外，其他倒也成功了幾回，有一次，夾著約莫五十元銅板大的蜘蛛，匆匆丟出門外，不知可憐的大蛛蜘會否跌傷？次日探看，已不在原地，未見蛛屍，我鬆一口氣，慶幸應是溜跑了。

恐懼，是如此具傷害性。

夾昆蟲，放出屋外，原是避免殺生，但我因為害怕，往往就顧不及出手太重；蟲子因為恐懼，被夾住時，若愈掙扎，反而愈易傷重，有幾回，夾著了斷尾求生的壁虎，也曾挾壞了瓢蟲、飛蛾。

蒼茫天光下，我靜靜瞠視著自己的內在。

我連蝴蝶和蛾都分不清，而且，都怕。

每天紗窗上都爬著數隻壁虎，也常在屋裡出沒。

這隻蜥蜴躲在水桶裡，我沒發現，打開水龍頭，它差點淹死，而我驚見其掙扎，嚇得尖叫，趕緊把水倒光，牠就趴在地上，竟也不逃。

山居筆記 32

有事回臺北一趟，看到蒙塵的鋼琴，心頭悵悵。

考慮到公婆習慣臺北生活，而自己一直以來主要的活動範圍與朋友圈，也都在臺北，至今仍下不了決心是否正式搬遷？因而只隨身帶去一些必備物品，於是，身在山居時，想到要用的東西，常是還在臺北，身在臺北時，又有些東西已拿到山居去用。

每次回臺北，屋子超過個把月沒人住，怎會不髒？收起來的棉被，又哪裡敢直接蓋在身上，因此一到家，首要任務就是打掃、曬被，若當日天晴還好，萬一下雨，或傍晚才到家，夜裡蓋著沒曬過的棉被，總覺得不舒坦。

兔子多了一窟，生活雖添新趣，卻無論身在哪邊，皆感不便，常將就著度日。

不少朋友羨慕我有山居，實則，擁有得多，麻煩也多，若無清楚的決心、充份的準備，反將自己陷入兩難。

過境

陳暐

對著眼神清澈的水鹿們喃喃
用現代筆觸構築傳統的華麗遐想
我寫我愛我徬徨我的詩句
我讀我惱我混亂我的夢境

有母親在的地方叫做家

曾經　風撫過青澀的頹廢我
男生宿舍乃女生宿舍之曾經
大學縮影小型社會概念上如此

意象上的村上春樹
鈔票構築的風景
燦爛一如地震中的豆腐渣建築
水鹿瞳中映照的
塵埃
蟬曰：知了
不曾言語
曾言語不
語曾言不
不語不言那遙遠的曾經
在水鹿的嚼食中喃喃喃喃喃……難唉！

山居筆記 33

水鹿原鄉　百年風華

層巒疊翠的南投山區猶如綠色漸層在微曦中一層層亮敞開來……。

位於九份二山第二尖峰下的林屋伙房，經一夜沉靜休眠，也在晨風輕拂中，緩緩甦醒，展開悠閒而充實的一天。（伙房，有夥伴、作夥生活的意涵，為客家建築特有的稱謂）

在地人稱為林厝的林屋伙房，是國姓鄉南港村最大族姓林氏族人墾拓之所，背倚九份二山，前有木屐囒溪支流環繞，與村內主要交通途徑南港路相銜，聚落完整，主體包括五處三合院，建築朝向均為背山面溪，這裡也是國姓鄉內保存最完整的客家聚落，素樸的傳統建築風格與生活美學，依舊凝睇於此，不受歲月侵蝕，廳堂、廂房內，可見到許多古董級的竹編、木製傢俱，包括四角桌、圓桌、紅木澡盆、木床、米斗、飯甑，和犁、簍、籮、擔等各式各樣的舊時農具。

為了瞭解在地，我試著走入民家。

帶我探訪這個客家山村的洪老師指著前方說，往昔這裡遍佈梯田，種植水稻，但隨著時代更迭，農耕產業消長，稻田已不復存在，放眼望去，秀麗的環境依舊，但週遭景觀已被桑樹、牧草、玉米和檳榔林取代，只留下些許隱藏在雜草中乾涸了的引水渠道，幽咽訴說著昔日曾經阡陌千里的水稻文化。

而林家移民、奮鬥的過程，堪稱是南港村發展史的重要縮影。

「一百多年前，林家二子林昆清因從事收購鹿皮獸肉等山產生意，有機會時常走訪臺灣各處經商，當他來到南港村，發現山林間有許多水鹿、山豬、山羌等野生動物，並有很多地方未經開發，返家後就將見聞告知父母……。」洪老師表示，當時，新竹苗栗一帶閩客雜居，屢生糾紛，生存不易，林氏家族討論評估後，大家長林鼎華與妻子林劉番婆妹乃決定放棄在新竹北埔的家園，於明治四十三年（西元一九一〇年）帶著兒孫約二十人南遷，經過一段時間的勤墾開拓，在南港村奠定基業，並開枝散葉，成為國姓鄉最重要的家族之一。

而提到林厝發跡史，就不能漏掉被當地人尊稱為「百歲婆」、也是林家最具代表姓的傳奇人物「林劉番婆妹」。南遷後，由於丈夫早逝，林劉番婆妹獨力撐起重擔，嚴謹持家，在男權至上的客家傳統中，一介女子要攘外安內，捍衛權益、運籌帷幄，帶領家族走向繁盛之途談何容易？每天，這位女性大家長都會妥善分配每個人的職責，包括男人要到山林裡開墾荒地、捕捉野鹿，或是到外地販賣山產、獸皮，女人必須種菜耕田、料理家務，從拓墾、買賣到財政、庶務的掌管，大家分工負責，各有職司，家族乃逐漸茁壯，從初始的二十多人，繁衍成為百餘人的家族。林家後代思憶年少歲月時說：「那個年代，鐘錶是昂貴的奢侈品，並非人人可有，每到用餐時刻，就得擊鼓提醒，當聽到鼓聲在山谷間迴盪，分散在山裡各處工作的家人們，就知道該回家吃飯了。」

由於人口眾多，林家每餐飯都要煮三斗米，用超大的飯桶盛裝，並闢出五分地來種菜，輪值煮飯者單是洗菜就洗要到半夜，凌晨四時即起床炊煮，還得幫打獵者準備飯糰。

望著深山密林，遙想當年盛況，林厝大埕前，每天百餘人共同用餐的熱鬧景象，蔚為其觀。獨特的生活文化，維繫了傳統，凝聚了向心力，也帶動家族興旺，使其贏得「天下第一家」的美名。

如此團結而龐大的家族實在少見，引起不少高官政要關注，紛紛前來探訪，包括故總統蔣經國、謝東閔資政、林洋港先生、前總統李登輝等，即連文壇重量級人物白先勇的父親白崇禧將軍也曾來此小住打獵，離別時，還贈送林家雙管獵槍呢！這一段段政治人物與鄉俚百姓互動的佳話，留下不少溫馨的老照片，至今仍掛在林厝公廳牆上，見証家族歷史的光輝。

權貴政要到訪，允為盛事，當時，附近居民原是以簡陋的永安吊橋聯通溪流兩岸，為顧及安全，才將吊橋改建為水泥橋，也就是現在通往林厝的鹿源橋。

而林劉番婆妹廣孚眾望，在她百歲大壽時，國姓鄉長特別發動鄉公所職員前往幫忙張羅，三民客運也免費載運鄉民前往祝壽，更有趣的是，壽宴當日，席開三百六十桌，宰殺二十八頭豬，要哪裡去籌集這麼多桌椅、器具？於是家家戶戶除了攜家帶眷外，還扛桌帶椅，挾著菜刀、鍋具前往助陣，充份發揮客家族群獨特的互助精神，至今，每提起此事，鄉親們仍津津樂道，印象深刻。而林劉番婆妹以一百零三歲高壽仙逝於民國四十九年時，家人仍不敢提出分家的要求，直到三年後，其子昆標死後，林家才正式分家，結束百餘人共同生活、用餐的獨特景觀。

於今，始建於明治四十四年（西元一九一一年）的林厝，仍居住著後代子孫，主體建築仍完整保留客家傳統瓦房之形式，建材以土埆、磚造及竹造為主，公廳內仍設有傳統客家信仰「天神爺、阿公婆、福德龍神及褒忠義民爺」等傳統祭祀空間，神桌下，則設有龍神香位，象徵龍神的奇木，貌似盤龍蜷踞。

到訪那日，主人正在炊蒸客家肉粄，做法是將糯米磨漿裝進棉布袋後，放在長板凳上，再以粗麻繩綁緊竹扁擔壓盡水份，揉加香菇、碎肉、蝦米、油蔥酥等配料炊蒸，如此遵古製法，讓人見之，聞著漫洇於空氣中的粄香，恍忽以為時光倒流，舊時歲月的美好，似乎在此駐足，從不曾遠去……。

34 山居筆記

逐漸習慣了山居生活，有長住的打算，既如此，就需要獨立的工作空間，和老公商量，決定整建破舊鹿舍，改為工作室。

為了設計工作室，最近常往外跑，參訪別人的住處與設計、看建材、找物料、傢具，因緣際會認識了阿忠。

原來，人也可以這樣生活。

一般而言（尤其在都會區）人們多是房子蓋好、裝修完畢，才會喬遷入住；但阿忠的房子，是活的。

他一邊住著，一邊養活著房子。

發現哪裡需要一扇窗就加開一扇窗，長長的布幔成了窗簾，撿到古樸拙趣的窗櫺，或許釘成天花板，坐著喝茶，抬頭就能欣賞；那邊窗門卸下玻璃，任其洞開，拉一條粗布索，讓孩子可拉索盪玩學做泰山。

屋裡，各式各樣的家具，多是撿來、或自己親手做的。盤旋而上的木梯，拼拼湊湊，怪趣可愛，但若平衡感差，走來挺有危機感。

我們坐著喝茶的地方，大長椅未經修飾，不刨光、不磨細，保留漂流木不規則的外觀及粗拙紋理，只上了一層保護漆，經年久坐，歲月浸染，愈顯木質原色的純樸敦厚。

多年來，阿忠在大自然、人間塵世，隨處取材，自由發揮，親手蓋房、製作傢具，所住的房子、內涵，也就一日日地增減、茁長，建構起個人獨特的生活樣貌。

朋友見喜，也常請他幫忙蓋房、或代製傢具，相談下，才知故友名作家孟東籬先生在花蓮鹽寮的海濱茅屋正是他幫忙蓋的。

時隔日久，我忘了孟老的海濱茅屋有無衛浴設備（記得隔壁歐紀復家是沒有的，如廁得跑到屋外找個適切地點，挖坑方便、就地掩埋），阿忠的屋，倒是在主屋外另設了茅房，訪客來時，在入口處就會先經過，如此迎賓狎趣，是為了動線方便？借廁者不必穿堂入室、屋中不聚穢氣的功能性考量？或是一種促狹的故意？簡樸的木建茅房，在地面挖開長長的一條溝，未置沖水設備（就像早年臺灣農村裡的茅坑），方便一切回歸自然，有趣的是，木板牆上特意開出一扇大窗，遠山近谷就在眼前，如廁時正可一邊欣賞大自然，身畔偶有蠅虻嗡嗡，就茅房而言，這派視覺饗宴，算得上華而不奢。

阿忠是蘇菲信徒，將工作、生活、理念、修行結合為一。

人，落居安住，融入環境、任性揮灑，心，在天地，整個天地都成了作品，而歲月流蕩，人的風格，也就在天地間自然顯現。

他是活潑、敏捷，也是沉穩的。

一切，都在生活裡，原味呈現。

那日，阿忠泡茶、煮咖啡，還燒一手好菜饗客，而窯烤麵包與堅果醬，讓人激賞，阿忠造了一座窯（好一派原始的奢華！），以手工發麵、柴火窯烤，那麵包配上其妻做的堅果醬，風味極佳，可惜當時我的腸胃作怪，不敢多食，每樣都淺嘗即止。

阿忠還在舊屋附近正蓋著另一幢屋，何時完工？尚難預定，有空就蓋，沒空就歇，十分隨興，樸雅的山門裸著黃泥牆，入了門，房舍依坡而建，平台、觀景窗、迴廊……層次變化、元素豐富，站在尚未完工的平台上，可以瞭望山谷，前方，別人土地上種著許多檳榔樹，雖遮擋了開闊性，卻也提供另一種視覺之美。我不懂建築，但整體屋宇型制明顯融合著唐宋古趣及日式風格，蓋好後，肯定美極。

這樣的屋，要有能者才蓋得成。

而屋如其人，我的工作室只宜素樸，線條、色調、隔間方式都會是最簡單的，不玩太多變化。

離開阿忠處，回程快抵達時，突然下起雨來了。這是來到山居數月後，第一次下雨，難得！車進居處，猶雨霧騰騰，大樹濃綠如快墨淋灕，天地一方儘在眼前開展。

山居筆記35

午間，拆洗被套後，為了ＰＯ文、照片和畫，竟玩到日頭西斜，才突然想起只曬了棉被，被套還被忘在洗衣機裡。

我一專注，就常忘了其他。

記得兒子幼時，為他安排了許多才藝課，目的不在習得才藝，而是讓獨生子的他，有機會多交些朋友，學習與同伴相處，玩出快樂童年。

而我，每每一開始畫畫、寫作，常就忘記兒子的下課時間，待我猛然醒覺，趕緊丟下筆，開車趕至，兒子早已肚子餓得扁扁，幸虧小小孩能體諒，也不生氣，仍笑瞇瞇地。

昔日的溫馨記憶湧上來。

在他成長過程中，每遇到節慶、生日，我大多會舉辦小型party，宴請他的好友同樂。記得有一回萬盛節，我這個老小孩領著十多個小孩到處敲門要糖，還帶隊衝進社區裡的便利超商，那店員恐未見過這般陣仗？以為遇搶嗎？嚇傻了臉，待搞清楚狀況，他卻也很上道，自掏腰包給了十多條糖，「攻佔便利超商」的壯舉，在社區裡成為有趣話題，至今兒子的那些朋友們還津津樂道。

平日傍晚，我們母子倆常沿著社區道路散步，在便利超商買關東煮，坐在室外庭園的遮陽傘下分享，去才藝班接他時，也會在附近買來甜甜圈、漢堡、可樂、或各種零嘴，在車上分食，一路聊天回家去。

時間好快，昔日的小不點，現在已人高馬大，讀大學了，說也巧，指考放榜後，竟然選校落在南投暨大，正是因此才促使我有移居田園的念頭。

現在，母子倆常在ＦＢ上相會，瞭解彼此的生活，睡前常在聊天室通訊後，互道晚安。

他長大了，有自己的生活，不再需要太多照料，男兒志在四方，我常這樣鼓勵他，即使很少見面，母子間的牽繫依舊。

一邊想著兒子，一邊把脫水後猶濕的被套取出，搶著晾開在西曬的陽光下，心中忽然冒出一句話：無論孩子離開多遠，母親永遠都在。

山居筆記 36

陸續有幾位朋友和鄰居都問我：住在這裡不會無聊嗎？

無聊？呃，比住都市時忙多啦！

山居裡，得做、可做的事多到數不完，晨起澆水、拔拔雜草，看到花木枝椏橫陳，順手拿起長剪子修一修，再做早課、瑜珈，煮個咖啡、早餐，往往都已過十點了！偶爾還要曬曬棉被、月桂葉、或吃不完的佛手柑等蔬果，時間總是不夠用。

而且，每天都有新的驚奇！

比方說，要澆水時，赫然發現青蛙趴在水桶裡趕不走；今早，則是發現那款被我稱為迎賓花的怪花瘋了似地開，花苞還拉長一整串，風一吹，笑得花枝亂顫，讓人不禁疑惑她怎會這般開心呀？

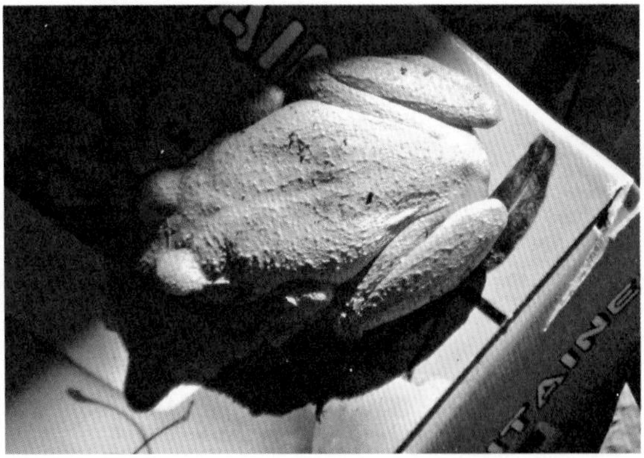

最近實在沒啥空，等有閒時，一定要把這些蛙呀、花呀，通通畫下來！這隻蛙趴在我的便當盒上睡得唏哩呼嚕，完全沒在怕，反倒是我怕牠突然醒了，跳到我身上來！

山居筆記 37

如何整頓山居，使其更美好宜人？

多數朋友都說，應該維持原始，莫讓文明入侵破壞自然。

意見挺好，但文明與自然，必是宿敵嗎？為什麼有了文明，就會破壞自然？

回歸自然、同時又貼近文明不是更好？

試住期間，山居裡，洗衣機、電視機、蔬果機、咖啡機等小家電，基本該有的配備都有，也帶來電腦、申請了網路，雖深居簡出，卻沒有與世隔絕，咫尺天涯，透過網路，無遠弗屆，我仍得以向外探看，與世對話、與朋友互動。

我喜歡自然山林，卻也不厭科技文明。

我敬佩老祖先在漫漫歲月中琢磨、創發、傳承的生活智慧，蔬果大豐收時，曝曬醃存，晴時儲備雨時糧，科技帶來更多的便利與可能，冰凍魚蝦，得以遠洋渡海攜返內陸，讓人得以嘗鮮，而吃，只是生活的極小部份。

食衣住行育樂、柴米油鹽醬醋茶……有些同樣從事創作、或追尋靈修生活的朋友，常嗤之為濁世紅塵、瑣事俗務，很看不上眼，但我面對生活文明，卻常肅然起敬。

我的日子，即使在臺北時，也向來清簡，偶在街市逛一圈，想要魚肉蔬果、日常用品都能買得到，不必自己養豬、殺魚、種菜，嘴饞了，只要掏錢，就能挑家合意的餐館，坐下來，愉快享受一餐。每當我吃著美食，想到廚師烹煮的用心，就會滿懷感恩。

我的喜樂是這樣平凡。

離開臺北，移駐山居的嘗試，並非厭棄都會文明，沒有逃離，也非避靜，而是學習親近自然，想更深刻地融入生活，實踐一種想望、思維著一個人安身立命的多種可能。

晨間，出門補充蔬糧走過埔里街市，人車喧囂、百業擾嚷，一種幸福感油然而生，陽光中，灰塵翻轉，但視野並未被阻礙，我依舊能清楚看見前方。

山居筆記 38

最近我最愛的零食：

醬汁加水煨乾的茭白筍、猴頭菇，絆以乾煎的豆干丁、豆干條，撒上炒過的香椿碎末、馬告粉，如果再添些乾薑片，就更棒了！

我最愛的山居零食。

39 山居筆記

到屋後澆水時，赫然發現，我們可能又誤殺了小蕃茄。

前陣子，老公除草未盡，朋友來，瞧著不堪，又順手幫忙亂拔一通，或許這麼兩撥亂，就把無辜的小蕃茄給誤殺了！

說也奇，那倒地的梗已枯黃，小蕃茄卻仍鮮紅剔透地蒂生於梗上，無論外觀、或對切開來，瞧著、聞著，都像是蕃茄，想嚐嚐，卻擔心誤食了貌似蕃茄的毒果子，作罷。

前不久，有朋友自遠方來，發現一株茶樹幹底部有腐爛現象，判斷是澆水太多、施肥又太近樹幹了！猶記得初來乍到時，想也沒過植物需要照顧、澆水，曾讓那些樹呀、花呀、果子呀，焦渴一個多月，滴水未盡，人家倒還好好活著，反而是我被提醒後，趕緊改過遷善，自此天天努力澆水、時常施肥，卻因不識樹性、薑性，反差點兒誤了樹和薑的性命！

嘖嘖嘖，這樣說來，無知者，還是無為才好？

唉！我的薑孱弱不壯，這還是挑比較上相的壯丁來拍，不少傢伙是軟趴趴地挨向地面，挺不爭氣的。

這是番茄吧？梗都枯了，果蒂還牢而不落。

山居筆記 40

想在自己的土地上，蓋自己的工作室。

用在地的材料、在地的工人，並盡其可能就地取材（例如取自山居裡的樹木、竹林，鄰近河流裡的石頭等）、尋找老建築拆除後尚可用的舊建材、甚至到資源回收場尋找廢棄物，加以巧思利用，一方面希望「化腐朽為神奇」，並融合在地風土人情，另一方面當然也想省錢——想要擁有個人風格的美好空間，一定得花大錢嗎？我想挑戰這樣的思維！

曾經，到南非、摩里西斯採訪時，途經鄉野，見到一幢幢農舍用色大膽（粉紅、黃色、大紅……）、造型簡單，卻富設計趣味，我非常好奇，打聽、並透過翻譯與在地人閒聊，發現許多南非人愛「玩房子」，樂於裝飾、打點居家環境，並視為一種驕傲，也是個人生活美學的展現，他們或許窮、沒有受高等教育，卻自有一套人生哲學。

若到了歐洲，鄉野農舍、城鎮風貌，也都各有特色，美得讓人眼睛一亮。

反觀咱們臺灣，有漁村、農村、山村、鄉間小鎮，但閉起眼來想像一下，腦海卻少有鮮明的美麗畫面。

隨時代變遷，昔時鄉村小鎮風光已漸式微，新式水泥磁磚樓房、鐵皮屋成了臺灣各地城鎮村落的主要景觀，視覺感相當混亂。

近些年農地釋出，以農舍之名大興土木建構的豪華別墅大量出現，為臺灣鄉間、山域增添新景，但感覺還是亂，建築雄偉、美侖美奐者不少，但那些別墅豪宅，大抵也就是揉合所謂現代感的歐風建築及室內設計概念、或將懷舊情調的美感元素捻來換去，我不懂建築、也不懂室內設計，但常覺得制式呆板，沒有真正的個人風格——我並非指設計者風格，而是居住者風格不見了。

此外，現代多數室內裝璜的建材、木料，都用了大量防腐劑，防腐技術愈高明，毒性也愈強，我一天裡大半時間都待在工作室，何苦還將自己關在毒窟？

我想要的工作室，不欲以獨特創意來張揚顯擺，豔人耳目，只想簡單地呈現個人生活美學與性情，自己設計、找材料、雇工、監造，看最後會玩出什麼花樣？過程雖累，也有點兒冒險，但怕啥呢？就當是玩唄！

41 山居筆記

村裡，鹿比人多。

我家紅色大門外，就是一座鹿寮，我總稱那位鄰居為水鹿先生。

山居與他的鹿寮共用一條山泉水源，十數年前，張爸與其父親曾為此簽約，賣地時，合同也一併轉讓予我，初來乍到山居之際，對一切陌生，水鹿先生一家人在各方面給了很多協助。

平日，水鹿先生除了照顧水鹿外，也是優秀的鐵屋師傅。

遠親不如近鄰。工作室原就希望找到在地人配合，因此請他來商量。

閒聊之餘，才知這裡原是他家的祖產，昔日為了翻修房舍需要錢，才賣給張爸，三十多年後，張爸、張媽要移民美國，又賣給我。

有趣的緣份。

或因張爸、張媽低調保守，深居簡出，向與鄰居互動不多，昔日土地賣出後，水鹿先生竟然一次也沒受邀來過，時隔三十多年，才有機會再訪舊地，農家子弟自幼就需幫忙農務，山居裡處處是他童年嬉遊、工作的成長軌跡。

物換星移，山居的林相、樹種、花草、建構，與他童年的印象大不相同了，但也有些地方還留著昔日風貌，他可以輕易地說出來這邊以前是種樹薯、那裡曾有整排柑橘樹、右邊竹林還在、左後方……，快樂的、辛苦的、甜美的、傷感的記憶如潮湧出，是山靄嗎？或是夕暉？在他臉上彷彿籠罩著夢般的霧氣，微帶金色、些微朦朧。

誰會料到，三十多年後，竟是請他來山居協助搭構我的工作室。

這樣的因緣巧合，世間或許不多吧？

依舊有著庄稼人樸實性格的水鹿先生是怎麼想的？我不知道，卻有著期許，歡喜巧合背後的故事，並珍惜這樣獨特的互動關係，平淡中，多了一份親切，親，而不膩。

山居筆記 42

之前，每到用餐時間，就會想著變換花樣，既是要吃，就好好地吃，於是，早午餐都搬到戶外樹下享受天然風光，野餐桌上除了麵包、咖啡外，往往會有各色蔬食生菜、水果，時或，採了韮菜，就加玉米粉或包在春捲皮裡，做成韮菜餅、韮菜盒子，把現摘的土芭樂打成果汁，時或有魚、有肉，茶碗蒸、煎蛋、煮蛋的也輪番變換著。

這陣子，老公留在臺北陪父母，我一人過日子。

初始，還認真做過幾餐，但一個人菜樣多吃不完，倒掉可惜，只好一再將就隔夜賸菜，很快就不耐煩，於是但看冰箱有啥，取適量洗淨，一股腦兒地全丟下鍋，再燙一把麵條或泡麵，吃，變成盡義務、填肚子，還常一邊吃，一邊書寫、上網。

別人也是這樣嗎？我不知道。

這會兒才發現，原來，生活並非名詞，該是複合動詞——一個人過日子，只是活著，兩人過日子有伴、有生氣、有活力，比較稱得上是生活。

同樣是吃喝拉撒睡，容易因為沒伴，就懶得費心經營，萬般圖省事，少了品味生活的心情與動力，若無外在的新鮮事來加料添趣，日子過著過著，恐怕也就乏味了。

能一起好好過生活，需要緣深、需要福報。以前聽這論調，理知上認同，但這會兒，倒是體悟真切。

山居筆記 43

前園、後院的數棵灌木，近日繁花盛放，極為雍容。

ＰＯ網請問ＦＢ友，有說是木芙蓉、有說是水芙蓉。

而我的芙蓉，花色一日三變，晨間初綻時是白色，到了中午漸轉粉紅，隨時間變化，愈晚，色澤愈深，黃昏時已然酒紅嫣紫，據說，這是特殊珍貴品種，名曰：醉芙蓉。

或由於開花時間先後不一，同株樹上的芙蓉色澤有深有淺，不同層次的白、粉紅、嫣紫，兼容並存，互為掩映，各有其風姿綽約，猶如不同年齡女子——從清新單純的少女，初嘗人間起伏，對未來滿懷粉紅色夢想，隨著涉世漸深，歷經情愛洗禮，昔日的青春粉嫩，逐漸醞化、蛻變，有了成熟女子的娉麗風華、千嬌百媚，待遍嘗世間冷暖，一肚子酸甜苦辣成就了人情練達，昔日的洶湧激烈，也醇化為酒，有了嫣紫酒紅之深邃。

而回首來時路，華麗雖已向晚，但此去風輕雲淡，好秋天涼。

這開在秋末冬初的醉芙蓉，讓我心情染著淡淡的惆悵，歲月無常、美人遲暮，理所當然，但人心卻易戀戀不捨，多愁善感。

我忍不住飲酒，試畫一筆。

挽不住歲月奔馳，但願在創作裡留住瞬間永恆。

常想著，如何在寫實、寫意之間，找到新的切入點。

能否寫實而不呆板？或是只管寫意，任其筆隨意到——然而這樣，若無紮實的基本功，恐怕流於浮躁淺薄，難以深刻。

木芙蓉畫成，卻像牡丹，不過，她確是像極牡丹，只是葉形不同。

木芙蓉。

山居筆記 44

認識一位新鄰居，我戲稱他：山中奇人。

奇人經歷特別，從小立志要當農夫，據說得過數屆神農獎。曾經，在國蘭全盛時期，一株俗稱達摩的珍貴品種喊價數百萬元、甚至千萬元，他挾其專業，受聘為雇主培育繁殖成功，向市場大量傾銷，雇主大發利市，卻破壞了原有的市場平衡，導致價格崩盤，許多炒作國蘭者慘賠，甚至傾家蕩產，他也因而被視為罪魁禍首，一度遭黑道追殺，逃到東南亞避難。

風頭過後，他潛回臺灣，行事低調，發展精緻農業，培育、輔導咖啡種植。

因自幼與大自然相親，熟悉山產野菜，他說自己從不購買外面種植的蔬果，只吃山裡的野菜、野果，時而捕獵野豬、山羌、穿山甲進補，吃蛇、吃猴、也吃鼠，算來，只要能入肚的，他都有一套養生的偏方食譜，

剛採下來的黃金咖啡。

時常呼朋引伴，分享山珍野味，捕野蜂泡酒、釀醋、醬筍、醃梅……林林種種，聽得我一驚一乍，當然是我少見多怪，也就稱其為山中奇人了！

奇人咖啡園，就在南投國姓鄉與埔里的交界處，過了成功橋便是。

彎過一大片香蕉林，視野頓開，前方，兩溪匯聚，放眼望去，天高野濶，一株株咖啡樹井然羅列，綠意盎然，枝椏上結實累累。

最近才知道，臺灣種植咖啡的歷史超過百年，最初，是英商德記洋行的一名茶商自馬尼拉引進，次年又輸入種子，種在文山的冷水坑、汐止附近，後因乏人管理而荒廢；日據時期又引進爪哇系咖啡種苗，在花蓮的豐田、玉里、臺東卑南等地種植成功，漸次推廣，全盛時期（一九四二）全臺種植面積將近一千公頃，主要分布在嘉義紅毛碑、雲林古坑荷苞山、花蓮瑞穗、臺東森永等地區，另外少數栽培的有埔里、六龜、臺東初鹿、關山等地區，但二次世界大戰時，又因乏人管理，大部份咖啡田荒蕪了，一九五四年間，雖因國際咖啡價格高昂，引起當時的農復會和有關單位注意，栽培一度恢復，但之後政府未持續鼓勵推廣，又漸漸式微，直到九二一大地震後，臺灣農業面臨空前震撼與轉型危機，走山、農地位移，農民生計大受威脅，而淺根型作物檳榔更揹負著損害水土保持、造成口腔癌、破壞環境衛生等負面形象，在人人喊打的情況下，許多農民開始轉種咖啡，尤以適合半日照的阿拉比卡種咖啡為主。

而當時境內約九成農民皆種植檳榔的國姓鄉也不例外，經過十多年的發展，根據媒體報導，國姓咖啡的種植面已達一百五十公頃，年產量在八十～一百公噸左右，居全臺之冠。

不過，奇人栽植的卻非俗稱櫻桃果的阿拉比卡種，而是黃金咖啡樹。他說，那是他花了二十多年研究培育的新變種，咖啡果呈黃金色澤，手工採摘後，以古法焙炒，果然入口甘醇，香韻底厚，略帶藍山般微酸，不澀不滯。我愛喝咖啡，但不懂咖啡，順口即好，不追尋特級品，聽到一磅要價六千，有點咋舌。

山中奇人不僅種咖啡，還養蜂——不，應該說是蓋小木屋給野蜂住。他熟悉蜂的習性，投其所好，營造利於蜜蜂生長的環境，在其出沒之區架設蜂屋，蜂屋經特別設計，留有匣口，便於野蜂進出築巢。至於蜜蜂是否進來築巢，得靠點運氣，不見得每間小木屋都會入蜂。

「取蜜，收點房租唄。」山中奇人的比喻真有意思。除了取野蜂蜜、花粉外，經三道手續過濾的蜂蠟，雜質盡去，色白，如蛋糕，也讓我開了眼界，他還會捕捉臺灣最毒的虎頭蜂——黑腹胡蜂來泡酒。屋裡擺著幾箱蜂酒，泡在酒裡的黑腹胡蜂足有姆指大，煞是嚇人。他倒了一小杯饗客，大家卻敬謝不敏，唯我這好奇寶寶敢於嘗試，以私釀米酒浸泡的蜂酒，雖未放蜜，卻因蜂腹的蜜被酒浸泡出來，酒含蜜香，濃郁而甜。

飲罷，到咖啡園逛逛。臺灣多數咖啡都種在檳榔樹下（適合阿拉比卡種半日照的特性），但黃金咖啡樹喜全日照，就像國外的咖啡園，一排排地種得十分整齊，只是規模小，尚無相連到天邊的氣勢。

山居筆記 45

美娜（水鹿先生的弟媳）替我將山中奇人給的超大顆波蘿蜜送來。

雖然山中奇人交待，再放一週，熟透更好吃，但發現外殼已爆開，裂處還發霉、長出黑色菌絲，於是決定提前動刀侍候。

粗礫的外皮倒是不硬，但果實體積太大，刀不夠長，無法一舉穿心，只好上下左右開鍘，咬牙切齒、使盡力氣，仍搞不定。

那模樣，就別提有多狼狽了，我持著刀，汗流浹背、長髮披散，但見湯汁流淌、一地狼籍，波蘿蜜雖身中數刀，卻仍安然持穩，費了九牛二虎之力，勉強挖開一小個洞，硬生生扒了些果絲和果肉出來，已累得我蹲在一邊喘息，而雙手和整把刀都黏糊糊的，怎麼也搓洗不掉。

這該怎麼辦？

連忙打電話求救，依朋友提供的方法試著在手上、刀上抹油，這才治服了可怕的黏性。

吃它不容易啊！波蘿蜜雖被開膛、挖洞，依舊頑強，死活扒切不開，我歎氣！心想，要不送人，要不就，回歸塵土？

好友聽說了，捨不得，次日送去，由她操刀，我轉而買菜去，一個時辰回來，喝！果真好刀手，三十台斤大果物，變成兩大袋黃澄澄的果絲、果肉、附帶一包帶皮的果仁。

波蘿蜜香味濃烈特殊，口味太強悍，不對我的脾性，但我天生好奇，決定至少得吃它一回。

朋友來訪時，波蘿蜜派上用場。設計出幾道菜單：

一、炸果肉：口感如薯的果肉，沾薄粉炸到金黃，食時，撒些馬告粉和塩粒（取代胡椒塩）。

二、涼拌沙拉：氽燙果絲，待涼，加上冰凍香蕉切片，可做甜品。或調以橄欖油、海塩，撒些芝麻、羅勒、香菜，有海蜇絲的口感。

三、燉排骨湯：果仁＋果絲＋排骨，清燉，只加些許塩。

四、炒肉絲：蒜頭、香菇爆香，果絲＋肉絲＋猴頭菇絲＋豆干絲＋胡蘿蔔絲，清炒。

五、煎餅：剁碎果肉、果絲為餡，塞入薄餅皮後，煎至兩面酥黃。

波蘿蜜果絲、種子及果肉。

46 山居筆記

這黃花有趣。

花苞長，頭部似星星，整串花苞聚在一起，就像一串大大小小的黃色星星結掛在樹梢，到底是什麼花呢？

把疑問ＰＯ上網，很快就有了回應，ＦＢ友說那是黃槐。

然而我上網查詢，卻發現與網路照片裡的黃槐花苞、花形都不同，一再蒐証，認為較近似於黃鐘花，只是不知為何，網路上關於黃鐘花的文章與照片，都沒有特別提及星星般的花苞？

那黃色星串綻放時，花形倒懸如鐘，開得理直氣壯，像年少的夢，輕狂灑潑，一樹燦爛，風吹，花串搖曳，彷彿還能聽見鐘聲，隱約傳來想像的無聲之聲，在林深幽微處，彷彿住著一位小孩，愛玩愛鬧，卻脆弱易傷、常鬧彆扭，渴望被瞭解、被疼愛，卻又害怕真被看懂。這樣的孩子，我發現許多人心中都有一個呢！

黃槐？黃鐘花？花頭星狀的謎樣黃花，一樹燦爛，風吹，花串搖曳，彷彿還能聽見鐘響，隱約傳來想像的無聲之聲。

山居筆記 47

昨天，輝仔全家來訪，捎來香椿醬豆丁、檸檬乾、梅汁、花生，雖是一般食材，經輝嫂巧藝調製，樣樣風味極佳。

可愛的輝嫂，有點兒無厘頭。之前，後院的小橘子枝椏不慎被拗折欲斷，我突發奇想，以3M膠布纏起斷枝療傷，已被許多人笑，輝嫂更誇張，有一回為愛花插枝，枝椏老是從切口脫落，竟拿針線將之縫緊，哈哈！虧她有此奇想，也算一絕！

關於生活種種，她樂於學習，懂得很多。

她說，檸檬乾，她一晚可吃完一包，我雖沒那能耐，卻也忍不住一片接一片地嚼著，而香椿豆丁，更好吃，挖了一小碟、伴以花生，佐酒。

晚間，雖是一人獨酌、看影集，仍覺快意。

山居筆記48

據說水鹿沒有膽，害羞怕生，易受驚嚇，所以養鹿場向來拒絕生人靠近，全省常見農牧場所開放參觀，許多觀光農場還以餵羊、餵馬吃草吸引小朋友、招徠客人，卻獨缺觀光鹿場。

千拜託、萬請求，水鹿先生終於答應，讓我去他的鹿舍參觀、拍照。他的鹿舍，就在我家對面，出了紅色大門，越過馬路便是。

過了柵欄，走進小路，一派原始景觀，舊居已無人住，但保持相當完整，屋前堆滿柴薪，老屋旁，就是鹿舍。

一般來說，只要發現生人，水鹿就會驚惶失措，鼻頭噴氣，腳蹄磨蹭後踢，一副備戰模樣。但我第一次去時，鐵柵門一拉開，水鹿雖也躁動不安，有些水鹿則往後退，側著身背向我，微徛著頭，似在悄悄打量，評估陌生闖入者的危險指數，但很快就安定下來，甚至當我拍照時，也只是好奇地盯著我瞧，並不躲閃。

水鹿先生很訝異，開玩笑說：「你生肖屬鹿哦？」

是否動物們的感應力特強？覺得我無害、且和牠們心靈頻率接近？

我喜歡水鹿，望著牠們水汪汪的雙眸，感覺很溫暖、很舒服，或許牠們感受到我的善意，也以善意回應？

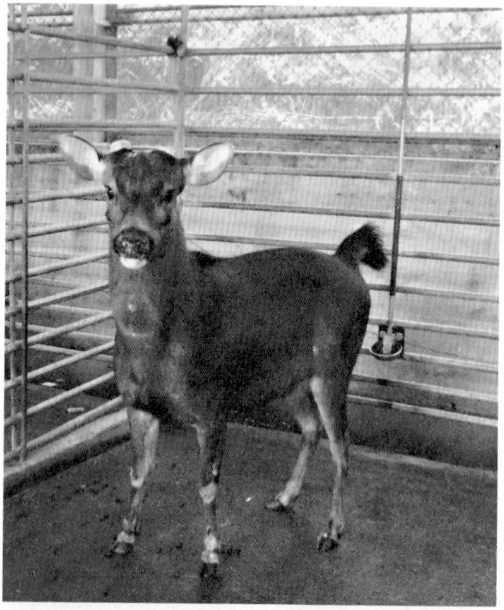

上圖：水鹿水汪汪的雙眸給人溫暖。

右圖：這頭水鹿還對我作鬼臉，頭上鹿茸已粗壯如巨掌。

左圖：這傢伙的鹿茸像蓮花般肥厚得很誇張耶！

49 山居筆記

朋友們似乎對我的山居頗為羨慕、好奇，近日常有來訪，少不得洗手作羹湯，以在地食材為餐饗客，因而屢被誇廚藝好，這若讓真擅長廚藝的朋友聽見，肯定笑趴在地上。

其實，我玩廚藝的源頭，只是為了哄小孩。在孩子成長過程中，為減少外食對他的誘惑，菜餚常變花樣，擺得美，也就秀色可餐。家中各類果汁、紅茶、花茶、烏龍茶、酸梅湯……品項之多，供應充足，真材實料，當然比一般連鎖店賣的好喝，兒子不傻，雖偶爾還是會買市售的瓶裝飲料，但機率降低很多。

我自己倒挺不在乎吃。平素烹調，大多水煮、清蒸，保留食物原味，或是淋上自製醬汁，只要食材新鮮，總不致太難吃。哪怕炒菜也只放水，起鍋才絆些橄欖油，騙騙喜歡大火快炒的公婆。

一個人時更簡單，幾乎是冰箱裡有什麼就適量入鍋汆燙，另燙白麵條或泡麵絆進去（不喜麵粉味攪亂湯頭），我特愛湯湯水水、茶、酒、咖啡，但除非特別煲的湯外，不愛喝雜湯，耐煮的食物，就煨到水份收乾，不讓精華流失。

我既不擅烹調，也不太耐煩餐餐費心，平日除了為哄兒子外，只有在款待朋友、伯叔妯娌回來過節時，才會花心思在烹調上，但也就是依著食材自由發揮，當下產生什麼靈感，就即興設計，當作是玩。

俗話說：沒有難吃的食物，只有差勁的廚藝。

大地藏無盡、萬物滋有生，不同蔬、果、菜、肉，食材千變萬化、性情各異其趣，將氣味相投者，合在一起，能互為襯托，彰顯優點；而有些食材性情不合，若勉強湊對，反而扞格互嗆，必然不是滋味。

各種食材本性天然，若識其性情，配對了，優勢自然顯現，烹飪上實不需掌廚者太多事。

總之，我進廚房，投機取巧得很，配來套去的，用蔥？用薑？還是用蒜？什麼炸得好？什麼配什麼燉得香？哪種食材經久耐煮？哪類食材只宜快炒？總之先識其特質，據以酌情調味，適度拿捏火喉，掌握口感，倒也不難，最怕強加附會，詮釋太過與不足，只會弄巧成拙。

山居筆記 50

發現紅蜻蜓停在白色棉被上，甚是美麗。

山居筆記51

我也種上肉桂和香椿了。

輝嫂笑我，上輩子可能是印度人，才會對「香味」如此著迷。

廚房裡，蘿勒、迷迭香、豆蔻、茴香、胡椒、八角、丁香、馬告、鼠尾草粉……，瓶瓶罐罐擺滿了架子，做菜時也常加些刺蔥、香椿、肉桂葉。唯獨花茶不合我的脾性，曾經，收集的花茶品項約莫可以開茶店了，但試過一陣子後，很快就回歸向來鍾情的臺灣高山茶。

這日，輝嫂傳訊來，說是準備好肉桂和香椿的植栽了，我樂極，正好到彰化探訪長輩，告辭後，當下就殺過去叨擾。

輝嫂和輝仔一樣，都是綠手指，蒔花養草有一套，旁人隨手扔棄的檸檬種子，她密密地養在小盆裡，就長成了小型森林，鐵樹種子發芽捲曲，經她巧手一捻，雅緻迷人，店裡、家裡擺滿各式各樣風格出色的小盆栽。

返程時，車中，那罐她清早才剁好的香椿醬，氣味漫溢，伴我一路香回家。

而今天早餐，我的堅果沙拉，就是佐以香椿醬調味。

我的早餐。

上圖：種下香椿。
下圖：肉桂小苗。

山居筆記 52

寒流冷嗖嗖，心卻是溫暖的。

鄉村人情味濃，常有鄰居饋贈自家種的蔬果。

前幾天，開美容院的麗慧做了鹹菜，就分送了一袋過來，還附帶兩顆佛手瓜。之前，枇杷吃完了，今天一早，被電話呼醒，原來是泥作太太送來兩串芭蕉。

這裡的鄰居，多數是地主，即使不以務農為主，平日打工之餘，仍會耕植各類經濟作物，或種些蔬果自家吃。

總是受人饋贈，感念在心，我在家裡也都隨時備著些好吃好喝有趣的玩意兒，以便能「禮尚往來」。

只是，山居裡有的花果菜蔬，他們都有，而且比我的更好，人家一點也不稀罕，「回禮」就成了小小的考驗，但我想，心意重於形式，家裡有啥？就拿出來分享便是！或是一包糖果、餅乾，或是蛋糕、麵包，敦親睦鄰嘛，開心就好！

日前，湯太太送來剛採收的枇杷，肉細味甜，絲毫不輸在日本吃過的溫室枇杷，她教我，枇杷要從尾端剝皮，若從蒂頭剝起，會摳傷果身，汁流滿手，又長一智。

而山中奇人聽說，我喜以月桂葉泡茶，今天特別摘了一大袋月桂葉和一盆復育成功的月桂苗栽送我，剛採下來的肉桂葉，香氣濃郁，聞著滿心歡喜。

山居筆記 53

這陣子，為了蓋工作室，到處尋寶、看建材，發現小小埔里鎮竟然就有數十家資源回收場，各種鐵製品、廢傢具、鍋、盆、鋁門、鋁窗、水槽、保特瓶、紙類……，堆得滿坑滿谷。

人類真會製造垃圾！

觸目驚心！愈發堅定信念，除了在生活中儘量落實環保外，蓋工作室也要學習廢物利用，許多物件明明還相當好就被扔棄或賣到回收場，太浪費了，只要用心，應能擇適而取，賦予巧變、化腐朽為神奇。

許多回收場雖其貌不揚，堆放混亂的回收物品裡，埋藏著不少寶貝，而且經營者還臥虎藏龍呢！

日前路過籃城時，順道彎進去隱在小巷的一家回收場，買了點兒東西，付帳時，順口要張名片，老板娘神祕兮兮地拿出一張，讓我瞧了瞧，又把名片上下顛倒，問我瞧見啥了？呃……，正面瞧著是個拿酒杯的女郎，反面一瞧，卻成了叉開腿露出陽具的胯下。

「這是我老公畫的，我還自己設計房子，每個來參觀的人都想買呢！」

她笑容得意，把那張名片搶回去，又拿了另一張來。

「這是我用廢棄材料裝飾的。」她解說著，名片中的圖樣是以紙材裝飾成笑臉的綠色大西瓜。

素人藝術家族開資源回收場？有意思。

她說，因為喜歡收藏，才從事回收業，兒女也有藝術天賦，她親熱地拉著我到室外，打開一旁的小門，濃郁的原木香味撲鼻而來，室內別有洞天，小客廳裡擺著古樸的木質傢俱，她指著牆面，驕傲地說：「那都是我兒子畫的。」素描、水彩小品，談不上功力，倒也清新可喜。

我坦言是為蓋工作室，才到回收場找可廢物利用的東西，她馬上熱心提供許多意見，還抄了水電工的電話給我，說：「他雖是做水電的，也會蓋房子，還會想辦法幫妳省錢。」

小鎮人情味濃，雖素昧平生，彼此竟也像老友般聊開。

臨別時，我取走她給的兩張名片作為紀念。

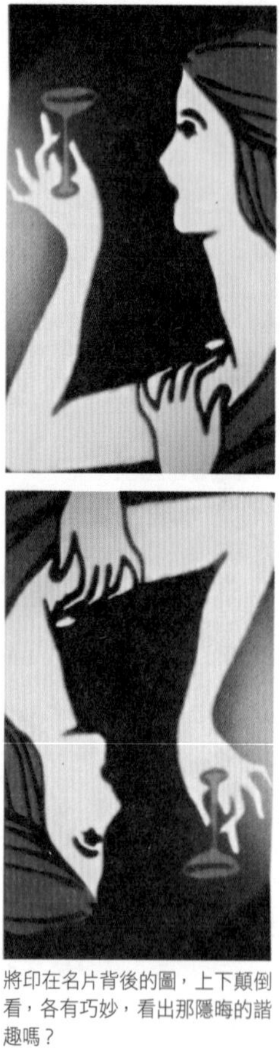

將印在名片背後的圖，上下顛倒看，各有巧妙，看出那隱晦的諧趣嗎？

老闆娘回收舊物之餘，忙裡偷閒小玩創意，廣義來說，也算是裝置藝術吧？

上圖：這樣的資源回收場是不是太可愛、太有趣了？！

那天，和老闆娘聊了一會兒，今日再去，場景大不同！入口處左側欄杆旁，多了一尊以塑膠花盆構成的女機器人，她胸圍突出（呵！應是女性象徵吧？）、眼戴墨鏡，騎在腳踏車上、後座載著盆栽，在綠葉紅花間迎候訪客。

下圖：一進門，就看到以塑膠花盆紮成的東鼎寶寶，造型超可愛，旁邊的人偶模特兒則穿著藍襯衫，鐵鍋為帽、頸戴花圈，就像酷帥的夏威夷遊客，肘間還掛著「錄影監控，偷竊移送法辦」的警告牌。

山居筆記 54

新種了刺蔥，雖是小不點，但綠葉繁茂，生氣盎然。

而庭前的老刺蔥，雖是身姿挺立，但無枝無葉，不知是否已然枯死？

算一算，至今已有不少山居生靈因我們無知、疏忽而犧牲，雖不致族繁不及備載，卻也一掌數不完。

除了可憐的小蕃茄、芭樂青春小不點、會由白轉紅的的水芙蓉外，有一回，某位埔里的設計師朋友來訪，大力建議，把屋前、鹿舍前的大樹一律剷除，說是樹不宜靠屋太近，有礙風水，遮去陽光，易導致屋內潮濕，聽他說得在理，什麼都不懂的我，頻頻點頭，千恩萬謝地請託他找移樹或剷樹的專業人士來幫忙，幸虧晚上和老公討論，被否決了，此事暫罷。不久，新識了一位熟悉山林的埔里朋友，他一到訪，指著那些樹說：哇！都是珍貴樹種，得二、三十年才有這麼粗喔！我聽著，心一驚，望著還英姿挺立在屋棚前、鹿舍前的整排龍柏，暗自慶幸！

呃，不過，這位懂樹的新朋友，說屋畔一株男人手臂般粗壯的刺蔥長得太高，枝上沒刺了，葉就不香，必須砍掉重新再長才好，噢？我信服點頭，而他出手極辣，一刀揮下，擎天高的刺蔥馬上被攔腰砍斷，三分之二已落地躺倒。

我盼著老刺蔥重新發芽，等呀等地。確是曾發現過兩小苗新綠從幹刺間冒出，但不幾天就乾黃萎掉，之後整株刺蔥就如槁木死灰，未再顯生機，問了不少人，都研判是砍得太低，所以長不成了！

那麼高壯的刺蔥，得活經多少年歲呀!?竟就這樣冤死了，挺心疼。

刺蔥氣味特殊，能搭配許多食材，日前經過市場，興沖沖買回兩棵小苗，移植入土，至今，頗顯欣欣向榮，但願兩位刺蔥小軍能健康茁壯，讓我再有機會採收入菜，用以慰告無辜遇難的老刺蔥，歎一聲，嗚呼哀哉，尚饗！

山居筆記55

睡夢中，被電話吵醒，鐘面指著六點三分？我嚇一跳，以為是臺北家裡出什麼事。

未料，竟是鄰居，說是透早從雲林載了滿貨車現摘的高麗菜回來。我趕緊去開大門，他說：「產量太多，價賤賣不出去，揀一些較好的返來分厝邊吃啦，其他的就挖掉當綠肥。」他憨厚的笑容裡閃過一絲無奈，閒聊幾句，又發動引擎，匆匆去送菜敦親睦鄰。

我抱著他送的兩顆大高麗菜，暗自歎氣。

豐收，應是好事，但菜賤傷農，時有所聞，農民終日劬勞，卻血本無歸，乾脆不收成，讓菜爛在田裡，豈不悵然!?

學名 Brassica oleraceavar.capitata 的高麗菜（又稱甘藍、捲心菜，中國北方多稱蓮花白，南方如廣東一帶則稱為椰菜），其實與高麗（韓國）沒啥淵源，原產地在地中海沿岸，古希臘人和古羅馬人已廣泛種植，中世紀以後就傳遍全世界，屬於十字花科的溫帶植物，盛產於秋、冬、春三季，在臺灣幾乎全省都有種植，而夏天吃到的高麗菜，大半是梨山及其他高冷地區生產的。

嘉南平原是臺灣農業大本營，那陣子，雲林高麗菜滯銷的訊息，沸沸揚揚，我將此事ＰＯ上網後，竟馬上有網友表示可以幫忙大量購買，頗感欣慰。臺灣人真善良、可愛，這也激發了我想再多做點什麼。

高麗菜吃法極多，涼拌、火炒皆宜，還可當火鍋底，增加湯汁鮮味及甜度，是很普遍的家常菜餚。腦海閃過一念。何不設計幾道做法簡單又好吃的高麗菜食譜？或許能誘發更多人烹食的意願？

燜熟醮醬就很鮮脆甘甜。

百變吃法1／涼拌

將靠近菜心的高麗菜葉，狀如貝殼，填入喜歡的內餡。例如，蛋皮火腿＋馬鈴薯泥＋海鮮＋起司＋洋蔥絲＋酸黃瓜醬，就是美觀又美味的殼沙拉；和海苔片搭配作成高麗菜日式手捲，更添海洋風味。

百變吃法2／打汁

高麗菜富含纖維質、葡萄糖、離氨酸、氨基酸、維生素C、K1、U，大量的B胡蘿蔔素，能健胃益腎、通絡壯骨、填補腦髓、改善便秘、預貧血、腎臟病、癌症、動脈硬化等，其中維生素K1、U，含有抗潰瘍子，能修復體內受傷組織，對胃潰瘍和十二指腸潰瘍，能有效預防改善，又被稱為廚房的天然胃菜；此外，維生素U有解毒功效，經常喝酒的人，更應常食，能改善肝功能。

＊高麗菜＋芹菜＋蕃茄＋水＝長期食用有抗癌效果
＊高麗菜＋柑橘＋養樂多＋水＝可改善香港腳、胃潰瘍
＊高麗菜＋蜂蜜＋橄欖＋水＝可改善痛風、風濕性關節炎
＊高麗菜＋胡蘿蔔＋蔔蔔＋水＝可緩解氣喘、貧血

高麗菜還有一個很棒的妙點，就是和牛奶、乳酪特別對味，所以蔬果汁不妨加入些許牛奶，風味馬上升級。

百變吃法3／熟食

其實，當令的高麗菜燜熟，就很鮮甜了，平時我就常燜一大盤當零食，無論品嘗原味，或依興緻醮各類沾醬，都很過癮，既有飽足感，又不怕發胖。

用來熬火鍋湯底也很合適，若先與洋蔥、菇類炒香，並加入適量牛奶，慢火熬燉，再灑些馬告粉或黑胡椒粉，湯頭好到難以形容。

或許很多人會嫌平地高麗菜太硬，口感不及每顆動輒一、兩百元的高山高麗菜，許多鄉野餐廳也會以此招徠旅客。事實上，若將高麗菜先放進冷凍庫約四十分鐘，再拿出來炒，口感就如高山品種一樣鮮甜脆嫩。不少餐廳為了降低成本，就是以這種方法端菜上桌，花費不到十分之一的價錢，就能讓旅客享用與高山高麗菜同等的口感滋味，何樂不為？（哇！透露這樣的祕密，我會不會被追殺呀？）

山居筆記 56

車棚旁的曬衣繩後方，開了滿樹奇特的花。花苞球結，整排整排地鑴在枝椏上，盛開時，花形如百針齊綻，密密地從蕊心向外放射；整朵花狀若針球，在陽光照射下，彷似一團紅霧，枝條長長地彎向地面，綠葉垂簾，煞是好看。車道旁、和後山，另有類似品種綻放，花色粉紅、蕊心白，香味清甜。

這山居裡，究竟還有些什麼呢？怎麼彷彿永遠發現不完？

曾聽說過合歡，過去不曾親見，這會兒問了人，才知原來這就是！

因為小葉一到夜晚就會閉合，也被稱為「合昏」、「夜合」，又因花瓣不顯著，雄蕊細長，使花的形狀略似絨球，也像掛在馬頸下的紅纓，還得了「絨花樹」、「烏絨」、「馬纓花」等名稱，但我還是偏愛「合歡」之名，眷戀著人與人之間、人與自然皆能相合而歡，不需彼此較量、挑戰。

合歡花入藥，能治肝鬱胸悶、健忘失眠、風火眼疾，還能對治鐵打損傷、癰腫疼痛。

相較於以觀賞為重的花草樹木，我向來偏愛功能性強的植物，予人有益，就給加分，雖是人類的自私與自大，但我常覺得，人生在世，不就是如此？有被需要、利用的價值，也就有了存在的位置。

有所需求、有所供給，相合為歡，我愛這花，也愛這樣簡單的道理。

是合歡嗎？狀如針球，大片綻放時，遠看如團團花霧，十分美麗。

山居筆記 57

這又是什麼花？黃色花身，開出一對白色翅膀，模樣可愛。問FB友，沒人知道，上網查不到，姑且稱為黃身白翅鳥吧？

為門庭前的桂花樹、茶花樹澆水時，在斜坡前的肖楠樹下發現這群「黃身白翅鳥」，安安靜靜的，沒人給予照顧、澆水，照樣活得自在。

不過，在此同時，也發現多棵參天的肖楠樹頭處，竟然外覆著一層紋路不規則的黃泥。水一沖，黃泥化水流掉，才知原來樹的外皮層被蛀蝕了，裸露出褐紅色的內皮層，上面爬滿了密密麻麻的灰白色小蟲，是白蟻嗎？或是蛀蟲害？

蟲蟻噬樹維生，而大樹幹雖皮破肉損，仍枝繁葉茂，沈著無怨。

我望著，尋思如何是好？腦中忽閃過一句話：起心動念，無不是罪、無不是業。

是呀！泥土裡、枝葉上，到處有著蟲蟻、微生物，空氣裡也儘是肉眼見不著的細菌？那麼認真說來，無論是整理菜園、拔草、修葉剪枝、清晨運動、彎身揮手，散步時，拿小樹枝拉掉蛛網、足踏泥土……，每天行住坐臥、吃喝拉撒睡，無論自覺或不自覺地，眾生活存，隨時隨刻都在殺生、造業吧？

如何能做到不殺生、造業？據說廣欽老和尚只吃掉落下來的水果，這樣算不算得上？想著想著，有點體悟，卻也有些迷惘。

從某些角度看，真的很像鳥吧？

山居筆記 58

想要自製有機肥。

雖網路上有諸多參考資料，市面上，也有不少款家庭用的廚餘處理桶，甚至買得到日本製的電動廚餘處理機，只要將廚餘和乾燥促進劑（可能是一種菌粉吧？）丟進去，四十八小時內就能變成有機肥，相當方便。

不過，我還是想試試傳統方法。

很幸運地，在資源回收場尋到兩隻無底的大鐵筒，每天將廚餘倒進去，時而覆上一盆泥土，時隔日久，也能自然腐化為堆肥。

想像得美。

大鐵筒雖加蓋，以免蚊蠅滋擾，但幾天後，要倒廚餘時，掀起蓋子，發現筒邊、蓋子內面，爬滿了許多蟲，嚇得我落慌而逃。

這現象之前朋友曾提醒過，她說：「那很正常，沒什麼。」彼時，我聽著沒當回事，當下，親見那麼多軟軟的蟲在眼前鑽來蠕去的，頻頻作噁！

理性上，固然知道那「很正常」，但要坦然內化於心，卻是極大考驗，也讓我看到自己或是被都市文明重重包圍的現代人，與大自然是如何地相距遙遠！

最近，偶有朋友知道我開始學種菜，戲稱我為農婦，但這樣的我，真做得成農婦嗎？我，深深懷疑。向天下不怕蟲、且勤耕勤作的農婦們致敬！

59 山居筆記

又一次新發現——原來我有佛手柑。

前陣子，鄰居來訪，忽而轉身不見了，幾分鐘後，又從坡嵌下冒上來，手中捧著五顆佛手柑（模樣瞧著不像，但她說那是佛手柑的一種），個頭比柚子大些，氣味清香。

她教了我種種吃法，煮茶、曬乾、做成蜜餞，但試了之後，覺得煮茶太苦，倒不如以塩搓軟後，加上喜歡的調味，做為涼拌入菜。

這佛手柑味道實與檸檬接近，但多了一股特殊清香，檸檬也香，但過於酸冽，把整顆佛手柑切碎，加上檸檬、鳳梨打成果汁，超級好喝！

鄰居說這是佛手柑的一種，有一股特別的清香。

試曬佛手柑，不知最後會變成什麼樣？

以開心的價格購入一批木料。

那天原是要去建材行看水泥，水泥沒看成，倒是看上店內隨意堆疊在牆邊的大木板，那質材應是碳化熱處理過的南方松。

碳化熱處理是一九九〇年代以後，木材大國芬蘭研發的木質改良製程，用以取代化學防腐，同時可達到防潮功能，是最新也是符合環保的木材防腐技術。

我向來不擅長與人週旋，若開口求售被拒絕，可能就不好意勉強，但同行的M個性積極，想要的絕不放棄。

「不行啦！我們初一、十五拜土地公，就把木板打平當桌子，怎能賣？」

那老闆娘搖頭不迭。

「桌子隨便找也有，這些木板是撿來的吧？賣給我們，平白賺幾千元，這種好康哪裡找？」M說的頭頭是道。

老闆娘聽著似乎覺得有理，無話反駁，就推說要老闆同意，M馬上追問老板電話。如此節節逼進。

一時說服沒成，暫且離開，把任

以便宜價格購入舊木料一批。

務託負給了M，這方面，我對她信心十足。

果然，到了下午，M就來電話說談成了！

原預定每月初一為清修日，什麼都不做，就是誦經、打坐、清掃屋宇內外環境——但當日下午，那批物美價廉的木料約好要送來，因是半強迫談成的，深恐夜長夢多，無端周折生變，不敢拖延，我打開大門恭候。

左盼、右盼，直到傍晚，木材先生卻黃牛了，來電說是工作在外，趕不回來當天送貨了，幸虧我等著、盼著，也還是做了些許清修功課，雖未達標準，卻沒有完全空廢光陰。

這日，木材先生終於來了，我滿心歡喜。

山居筆記 61

大清早，開車到一家新發現的回收場掏寶。

老闆是位年輕帥哥，身高一百八十公分，外貌斯文，個性溫和，不像能做粗活的勞動者，反倒更像雅痞一族，留學美國歸來後，承繼父業，對資源回收工作興趣濃厚。（聽說利潤頗高）

「妳想看的鋁門窗在上面，可是沒有樓梯喔！」帥哥老闆指指二樓倉庫。

嗄？沒有樓梯!?

帥哥笑著，開來載貨的堆高機，讓我站上貨物支架，由他操作著，緩緩往前移動、往上推升，貨架離地面愈來愈高，我整個人懸空著，雙手無處可扶，只能儘量放低身體重心，就怕失穩，不慎栽下去。

當天豔陽高熾，我望著地面堆高機貨架上的我的影子，腿都快軟了！

生平第一次搭堆高機，竟是在資源回收場裡，為的是上去看一套舊鋁窗，說是他祖父家改建時拆下來的，雖然那只是一套普通的窗，但感覺隱含著歲月的故事，我喜歡。登上倉庫後，我找到它們，前後檢查。買二手貨，一定要確定堪用，或至少還能修理，否則買回去，也是廢物。

確定成交，又挑了些小東西，約定好送貨時間。

（幾週後，帥哥和他的父親開小貨車將那套舊回收的舊鋁窗送來了，相談下，才知道原來帥哥的父親，曾任埔里鎮長——也就是說，帥哥的祖父正是前埔里鎮長的岳父，多麼有趣的巧合！）

山居筆記 62

我將蓋工作室當作實驗，隨著參與漸深，思維和方向也愈來愈清晰。

但願過程中，所有互動的、參與的人、事、物，都可以、也可能是作品的一部份。人與人、與環境、與物品、與事件之間的關係，會隨著時間流動而變化，緣起、緣滅，一個緣份出現了，或許結束後，不會再有後續的互動，但也可能帶來新的緣份。

工作室能不能呈現自己的生活美感與內涵？自己設計、找材料、監造，看最後會玩出什麼花樣來，過程雖累，但挺有趣。

右圖：想像著，把它們全數拆開，做成大大小小的燈，就能照亮一片又一片牆。左圖：這些是回收場戰利品的極小部份。

這部縫紉機機體是不是很漂亮呢？較之一般日製勝家的機體造型更流線而優美，我在雨中的廢料堆裡，一眼相中它，漆色完好，週身全無生鏽之處，被雨淋濕的機身閃閃發亮，非常沉重，單手抬不太起來呢！如果不搶救下來，可能幾天之內，就會連同廢鐵被壓扁、熔毀吧？

山居筆記 63

開心地準備便當。

燙了蕃茄、去皮、半挖空，調了果泥、堅果醬、香椿醬，拌和海鮮、洋芋、蔬菜丁、起司絲填入，做成甜鹹兩款口味的蕃茄焗烤盅。

另外，做了總匯三明治、蝸牛型的甜點、義式堅果生菜沙拉、烤燒餅（這是之前在臺北買的），和一盒綜合水果。

原本打算再做個絲瓜煎餅、紫米糰子、烤香腸，但好像太過份了？老公總說兒子太胖是我害的，還是收斂些好！

同樣的菜式，做了兩份，一份留給家人當晚餐，另一份裝滿了四大保鮮盒，開車捎去暨南大學探望兒子。

暨大校園，佔地廣，視野遼闊，草地上錯落著許多木製休閒桌椅，但陽光很強，我怕曬，母子倆坐在大樹遮蔭的車裡約會，兒子大口吃著生菜沙拉，滿足地歎氣說：「好久沒吃到這個味道！」我笑了！聽他談起學校生活，每天自己洗衣服、上健身房、打籃球、看書、偶爾翹課⋯⋯。同學都晚睡，他也就常跟著熬夜，顯然日子是開心而充實的。

高中時期，兒子曾因故與學校關係緊張，經歷一段苦澀、憤怒的叛逆期，進大學後，似乎陰霾盡去、柳暗花明，又恢復昔日陽光少年的模樣，但孩子氣淡了，整

這是為兒子做的便當。

個人顯得英姿煥發，但願他能擁有美好的大學生活，我在內心祈禱，就像天下多數媽媽一樣，只要孩子平安、喜樂、健康、成長，一切足矣！

山居筆記 64

看到學生椅，年少輕狂是否如夢拂過眼前？

在埔里「傳家寶再生傢俱展覽場」尋寶時，發現了它們，安靜地、有秩序地陳列著，一張張飽含歲月痕跡的舊木椅，盛載過多少孩子的夢想、歡笑、以及成長與學習過程的艱難？

一眼愛上那簡單的造型和原木的穩重，心想，或許可以合成長椅子，將來置放在工作室的戶外平台上。

近幾年，環保意識抬頭，各地方市政單位大都成立了二手傢俱展場，清潔隊回收舊家具後，請專業木工師傅巧手修繕，於展場公開銷售，據說不敷成本，但意義大過於商業牟利，值得支持。

那日，我仔細地挑選了十張經過整修、模樣完好的學生椅，另外放置一旁，約好送貨時間。

但陰錯陽差地，初次送來的，並非我精挑細選的那批椅子。

「傳家寶」的工作人員康小姐發現錯誤，弄清原委後，趕緊補救，並且親自押車，送「對的椅子」來，以表歉意。

卸完椅子後，我心想，人家專程跑一趟，得表示謝意，給小費似乎不妥（前回曾試著給過，但對方堅持不收，很給公家爭回清廉形象），就邀請開車的川哥和康小姐留下來喝杯咖啡。

人生真有意思。

對、錯，殊難定論。許多時候，表面看來彷彿是錯了的事，有時反倒因為小小轉折，延伸向美好的開展。

一般買賣，銀貨兩訖後，雙方往往也就關係結束了，卻因之前的小錯誤，反倒讓我們有緣坐下來喝杯咖啡，成了朋友。

惜緣、惜福，但不攀緣、不執著，是我喜歡的應世之道。

山居筆記 65

近日忙於採訪，山居裡每天該做的事也不能停。

今早澆水時，發現門前那棵大桂花樹根處結了新的大蟻巢，樹幹也覆著不規則的泥層，夜間又發現屋內螞蟻成群。

蟻禍再起。

於是，連續數日，我的夜間「娛樂」是，抓螞蟻。

久未出現蟻踪的床頭、窗枱上又有不少螞蟻！此事非同小可，初來乍到時，山居蟻禍為患，讓我戒慎恐懼。

做不到完全不殺生，但求儘量不殺生。

眼前螞蟻多到數不清，如何一隻隻地抓到戶外？

靈機一動，找來小碗放在裝了水的大碗公裡，將抓到的螞蟻放進碗裡，螞蟻怕水，不敢越界，自然就會暫時被拘在碗裡，待集到較多數量，才將碗公捧到戶外，倒掉水，放下碗，讓螞蟻逃生。

連抓了幾個小時，放生了三碗螞蟻，眼睛已經睜不開，也管不了窗枱上是否還有螞蟻，倒頭就睡。

第二天，螞蟻是否少了些？因有事待辦，不待細察，就出門去。

午后返家，不敢把順道買回的鳳梨直接帶進門，挑了一顆較黃熟的，沖洗乾淨（怕會有螞蟻，還再三檢查過）才帶進廚房，休息片刻後，想燒水泡茶，才走進廚房，

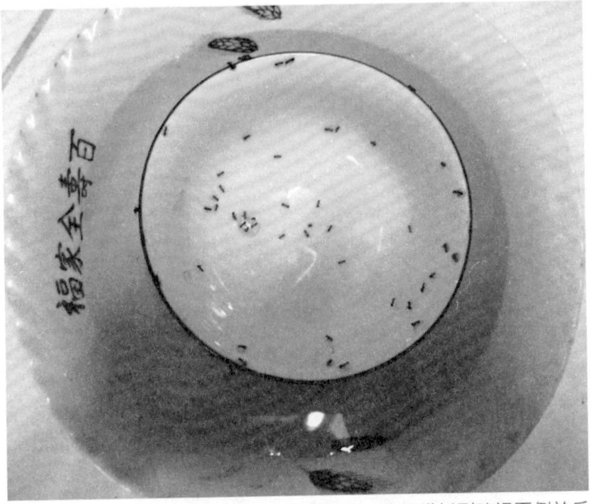

山居蟻禍為患，讓我戒慎恐懼。因不忍殺生，將螞蟻抓到碗裡再倒於戶外，日復夜地，讓人疲憊不堪。

差點昏倒，竟見滿地蟻屍，牆面上蟻群熙來攘往，忙得不亦樂乎！

我並未噴藥殺蟻，為何屋內突然蟻屍遍野？流理台、水槽邊、瓦斯爐台邊……，尤以廚房門檻前為最！密密麻麻的黑點點，掃起來還發出沙沙沙的聲音，感覺很恐怖，更恐怖的是，才掃完不到一小時，同樣的區域就又聚集了大量蟻屍。

連日與蟻奮戰，雖房間、窗枱、廚房等處似已無蟻蹤，但我很清楚，蟻群未除，只是躲到更隱祕、或高處的氣窗、牆縫、窗縫等地……。

蟻啊蟻！我真是怕了你！

彼岸　此岸　在他方

陳俊彥

白色羽毛・隨・風・翻・飛
霧影幻散　鹿之島・冉・冉・浮・升
Ilha Formosa、Ilha Formosa
葡萄牙船員站在船首驚呼
臺灣水鹿高踞於山巔　冷然遙望
眼底空洞洞　宇宙深邃著
關於未知的洪荒
彼岸……遠方山林鼓聲咚咚
水鹿回眸　凝視野豬頭顱空洞的黑眼眶
蟬鳴　從史冊縫隙間飛躍而出

聲・嘶・力・竭　用盡最後一口氣　降落
此岸……雨後牛眠山的ＵＴＵＳ前溪谷
黥面彩虹仰躺成一座橋
祖靈站在九份二山陵線上眺望
喉節滾動著狩獵歌一山傳過一山
眼神用力拉弓射向水塘邊
一對高聳晃動的鹿茸

一閃而過模糊的・遙・遠・傳說
族譜踩著嗩吶節拍・沿廣東地圖聞香而來
紙頁浮現新竹北埔刻苦艱辛的音符
狂風忽忽彈奏　手掌上龜裂的客家民謠
子孫脈系如脫線敞開的五線譜

音符跳躍　隨其開枝散葉
飯鼓陣陣　風搖葉動急步匆匆
水鹿旋身・止步・昂首一聲長——啼
夕幕滄茫
音樂繼續著
在他方

山居筆記 66

山居裡，有一座老爺鐘。

因為它壞了，才有機會和時鐘賢伉儷結緣。

當初，張爸、張媽搬走後，將鐘賣給我，或許因為之前長達一、兩個月的時間，任由山居空著，沒人為它上發條，老爺鐘停擺太久，生氣罷工了！

老爺鐘雖非金貴之身，卻也不廉價，希望它還能滴答快活、為山居守候光陰。尋尋覓覓，找到埔里「華盛頓鐘錶行」，進門看到老闆，好生驚訝，他的相貌竟和我的一位小學同學超級像，詢價後，覺得合理（呵，真不想坦承他修得又好又便宜，以免提醒了他，導致日後有漲價之虞啊！），當然就委託他來修理囉！

時鐘先生是一位愛好藝術的性情中人，閒聊下，才知他年少時，就傾心於繪畫，奈何家境不允，父親希望他能學習修鐘，擁有一技之長，傳繼家業。

他順服於孝道，顧得溫飽，但心中難免抱憾。或許是遺傳？兩位寶貝女兒成長後都就讀藝術相關科系，也算多少圓了他未竟之夢吧？

我的老爺鐘比一般古董鐘更搞怪，為了修理它，時鐘先生特別搭造一座木架侍候，慢工出細活兒，老爺鐘離家住院快兩個月吧？才總算病癒。

那日早晨，時鐘賢伉儷護送老爺鐘返家時，特地為我捎來埔里最好吃的紫米飯糰。這般貼心，分明是朋友情份，豈是一般修鐘交易可比擬？那顆飯糰飽了我兩餐，吃著香，分外開懷。

暮鼓晨鐘，讓人感覺歲月安詳、與光陰溜逝的滄桑。而山居裡，雖無鼓震傳響，倒有蛙鳴喧噪，還能聽聞鐘響報時，清朗悅耳。

老爺鐘回家後很是盡責，一刻、半時、整點，鐘擊次數各不相同，交梭出各異其趣的節奏感，那鐘聲宏宏，與空氣共鳴，雄遠敦厚，透著一股沉著，即使在深夜裡，也絲毫不覺吵人，反有種空靈感，聽著，心安。

時鐘先生特別做了個工作架，就為了替我修這座老爺鐘。

山居筆記 67

清晨，正在寫稿時，兩隻白頭翁飛到我窗前的南洋松樹上，牠們依偎著，時而以喙相互梳理羽毛，狀極親暱，讓人看得入迷，或許敏覺到被注視，白頭翁倏地振翅疾飛，瞬間失去蹤影。

許久，未見白頭翁返來，望著翠綠的南方松枝椏空蕩蕩，有點失望。

我突發奇想，將平時放麵包的小竹籃子取出來，擺入一把米，掛在南洋杉枝椏上，希望能誘引白頭翁來覓食。

可惜好多天了，仍鳥跡杳然，檢查籃內，米粒似是減少了，那麼應是專挑我不在窗前時來？好靈賊的鳥兒呵！

今晨，忽而抬頭，卻見一隻白頭翁就攀在紗窗上，尖細的爪子穿過紗網眼，略歪著小巧可愛的頭顱，正瞪著我瞧！是之前見過的鳥兒嗎？無法辨認。

我趕緊起身要取相機——但哪兒來得及？才起身，鳥兒就閃飛而逝了！

山居筆記 68

昨天午后，在車棚下做工，用粗砂紙磨平預計作為洗手台的陶製花器，拭淨後，慢慢上一層俗稱金油的透明漆，每當做這類簡單的工作，腦袋放空，總感覺很平靜、很歡喜。

忽聞叫喚，抬頭一看，竟是憨牛先生（純厚樸實的他，雕石盤多刻牛，我就以此為稱）。

日前，他嬸嬸賣掉舊厝，清出不少老東西，朋友聞悉，帶我去淘寶，憨牛先生不僅讓我入屋任意挑揀，還一趟趟地協助搬運那些沉重的老傢具到戶外，並親自押車送來我家。

他忽然出現，我很意外。

「既然是朋友，就不該收錢。」他說，昨夜為此輾轉難眠，特地開車來，要把錢還給我！平白淘回來三桌、一櫃、一床，和不少小物件，除了給司機的運費外，我只不過多給了他的母親兩千元。

在此之前，我與他僅有一面之緣，那是在九二一大地震後，進埔里採訪時，曾隨朋友去他家泡茶聊天。

佔便宜的是我，區區小錢，怎抵得了那些老傢具的價值？一般人拿也就拿了，說不定還私下抱怨吃虧，他卻耿耿於懷，專程來還。

生平第一遭遇到這樣的事，淘到再多有形的寶，都比不上這件事帶來的意義與價值。

接下去的情形，有點爆笑，常聽說人們為了自身謀利而爭，我們卻是一個堅持還錢，一個堅持不收回，又都非口齒伶俐的人，慌慌張張地搖手推拒、結結巴巴地各持己見，爭論半天，他無奈地表示：「那妳收回一半，若不收，我就用寄的還妳！」話都說到這份上，我只好妥協，補一句：「那再送你一罐茶葉？」他連迭地搖頭，說：「昨天送那一罐夠了！」那還能送什麼呢？想起後車廂裡有一些未裱的畫，我又說：「送你一幅畫？」他還是拒絕。

目送他開車離去，我感動良深。

我何其幸運，來到山居後，週遭盡是善緣。

有一位師長曾提問，臺灣有什麼值得留存下去的？我想，臺灣鄉民的純樸、善良、敦厚、勤奮，人情味濃厚，正是臺灣值得驕傲、值得永世留傳的。

收回那一千元後，我壓根兒就忘了它的存在，今早，洗好衣物，從洗衣機拿出長褲時，那張千元鈔掉出來，就落在我的胸前，濕掉的鈔票完好未損，我隨手又塞進外衣口袋；下午持誦《地藏經》回向給憨牛先生和家人、朋友時，一念閃過。

我知道該怎麼做了！

我向來不擅與世週旋，就算感恩，把這位朋友放在心上，也拙於表達，而且，除非日後刻意往來，否則彼此的生活圈恐少有交集。

我決定把這一千元裱起來，放在工作室的千佛洞裡，他日，任何朋友到訪，看到鈔票，問起來，我就會憶念起他，再說一遍這個小故事，一回又一回地，讓更多朋友知道，讓大家一起遇見生命的美好！

山居筆記 69

怪了，這是？

一夜雨。清晨，山氣靄靄，肖楠樹香氣特別清晰，聞之精神一振。走到屋外，先就看見兩隻蝸牛在相親相愛，莫非吃撐了我的金針菜葉，就飽暖思淫慾？果真食色性也，人，蟲俱是？

再往前行，山居上坡道轉彎處，竟落著一顆碩大的木瓜，綠中帶黃，被囓咬處露出紅澄澄的果肉。

我四下張望。

若說是被昨夜風雨打落的，總也得有個來處，但印象中，這邊坡道沿途上下，只有橄欖樹、楊桃樹、檸檬樹，並無木瓜樹呀！

鄰居送的？但誰會悄悄放下一顆被囓咬過且未熟的木瓜？難道是松鼠？但這木瓜挺大個兒，一隻松鼠恐怕搬不動，得數鼠協力運送。可能嗎？再說了，幹麼大費週章，運到半路卻不吃了？

莫非是貓、狗？但貓狗有雅興摘木瓜搬來這兒野餐？看那囓痕也不像！

鳥銜來吃的？更無稽，除非是鷹，否則，啥巨鳥抓得起這麼大一顆木瓜？

據說鳥、獸聰明，專挑好果子啃，究竟是「啥阿神物」天上送來大木瓜，還刻意啃了幾口，証明果子好吃？這被咬囓過的木瓜，因而對我很具誘惑力。

既來之，則安之，並撿之，兼吃之！

於是洗淨、切除嚙痕、包上保鮮膜，待一、兩天，木瓜熟透後，再來享受，嗯，但願瓜果嚙痕切除後未殘留「啥啊神物」的唾涎，我才不會因貪吃而中毒。

山居筆記 70

等著那三顆土芭樂長大。

今早澆水時，一顆芭樂掉在地上，我撿起來，發現綠皮上被咬嚙出幾個洞，露出白白的果肉。

傍晚，到屋後探看，竟發現另外兩顆芭樂也不見了！而這回連落果也無。是松鼠、鳥雀、或螞蟻？不可能吧，那兩顆土芭樂比男人拳頭大，鼠雀應是搬不走的，而螞蟻只會就地一點點地分解搬運，即使吃殘了，也會留下痕跡，但眼下四界卻找不到任何殘果。

忽想起午后，似隱約聽聞屋外有說話的聲音，當時揣想應是在近旁山坡工作的農人說話大聲，沒當回事。會是鄰家農人一時貪饞嗎？

兩顆土芭樂，算不上什麼，但一直捨不得提前摘下，為的就是讓它長大些、成熟些，預備後天回臺北時，帶給公婆吃。

摘走芭樂的人，應也無偷的意圖，否則屋旁車棚空曠處，值得偷的東西不少，且我的車門沒上鎖，順手摸羊太容易了，但我看了看，東西並未短少。

應該恐懼嗎？山居是孤壁厝，數百公尺外才有鄰居，雖設大門和簡單圍籬，卻是只防君子、防不了小人，陌生人既能潛進來摘果，若歹徒有意闖入，憂心何用？只可惜等了許多日，芭樂突然沒了，略感失落。

近日聽說，附近常有猴子流竄掠食，猛然聯想，之前憑空出現的大木瓜和憑空消失的芭樂，或許都是猴輩們搞鬼吧？那豈不冤枉他人了？

嗯哼，念在牠們曾有送瓜情份，且功過相抵，當作茶餘諧事一樁。

芭樂沒了，就畫圖充飢，憑空加添白花幾朵，借筆墨想像日後花落、結實累累的豐收快趣。

山居的果樹，招來許多貪吃的猴子。

71 山居筆記

晴陽麗日，鄰居來串門子，送了佛手瓜，顆顆鮮翠欲滴。

每年三、四月間，佛手瓜就進入盛產期，漫步於鄉間小道，常可見到瓜棚間花開繁盛、或結實累累的美麗景象。

這瓜，是吳媽媽家種的。吳媽媽是上海人，個性豪邁爽辣，頗具英雌本色，早年曾隻身週遊列國，十幾年前，因緣際會來到附近，一眼愛上這裡的山水風光，當下購地置屋，前年，將軍兒子退休後，也來了，再起別墅於母親屋旁，便於相互照應。

桃米溪小支流從吳媽媽家的門牆內穿庭而過，溪水澄澈、塊石磊磊，不必出門，就能溯溪、賞石，觀魚蝦悠哉游哉，不被閒雜人等打擾，較之童謠「我家門前有小河」更令人羨煞。

她閒不住，沒到處跑時，就養花、植樹、栽蔬，庭前的瓜棚結果豐碩，就分享鄰舍，我也有幸得著幾顆。

學名 Sechium edule 的佛手瓜，為葫蘆科梨瓜屬植物，因外貌恰似兩掌合十，有著佛教祝福的意涵，而取其吉祥象徵作為命名，也常被稱為隼人瓜、壽瓜、安南瓜、香圓（櫞）瓜等，原產於墨西哥、中美洲和西印度群島，一九二〇年代左右傳入中國，在江南一帶，如雲南、浙江、福建、廣東、臺灣等地多有種植，尤以臺灣為最。

四、五〇年代，佛手瓜曾是嘉義奮起湖一帶最重要的經濟命脈，常可見到滿載佛手瓜的阿里山小火車穿梭於山林間，轉運臺灣各地，甚至外銷香港，老人家說，當年，一箱百公斤佛手瓜可換一錢黃金呢！於今，盛況不再。

象徵吉祥、祈福的佛手瓜，也常被用來供佛，更是食療涼補佳品。不需噴灑農藥，瓜肉清脆多汁，既可當水果生吃（鮮脆味甜似黃瓜），也易入菜，煸、醃、燜、炒、煮、滷、烘烤、油炸、涼拌、做湯，無所不宜，常見的做法如伴炒雞丁、肉絲，做成肉卷、水餃、煎餅，或煲雞茸、排骨湯，涼拌佛手里脊、海帶芽等，都相當美味，還可以加工做成醬製品或糖漬品，若切薄片或刨絲，用糖醋汁、梅汁醃泡置入冰箱數日，也是很棒的小菜。

這日下午，我就隨機發想，借瓜饗客，還把食譜記了下來：

食譜 福瓜潤春

以兼具清熱潤肺功效的佛手瓜，和去年沒吃完的柿餅入菜，做成溫補食療的佳餚。對易感冒、咳嗽的老人、孩童最宜。

材料：佛手瓜一顆；柿餅一枚；香菇兩朵；肥豬肉十五克；排骨切塊半斤、水豆腐一塊；胡蘿蔔碎粒些許（若家中有花粉，也可酌量備一匙）

做法：

一、將佛手瓜刨下綠皮以調理機或果汁機打成泥備用、瓜肉切成半公分薄片。

二、將肥豬肉切小丁入鍋，小火煸出油脂，撈起焦黃的豬油脯渣備用。

三、以油鍋煎香豆腐片、香菇絲，再依序放入柿餅薄片、佛手瓜片、排骨、胡蘿蔔粹粒乾煎三分鐘，鎖住甜味。

四、在鍋內放入一碗半的水，小火慢燉二十~四十分鐘（喜排骨肉綿軟者，可自斟酌拉長燉煮時間，但要注意鍋內水份勿蒸乾燒焦）。

五、將一放入鍋內，轉大火，湯滾熄火，燜蓋一分鐘（若備有花粉，也在此時加入）即可起鍋裝盤。

六、裝盤後，灑上二豬油脯渣。

※建議除了適量的鹽外，完全不添加其他調味料，更可品嘗出佛手瓜的原味清甜，而湯汁融入柿餅的香氣與溫甜，口感更為醇厚。浮在湯上面的豬油脯渣，則酥香爽口，毫不油膩，而在湯中略燜一分鐘的花粉，粒粒清香，使這道健康養生的涼補佳餚更具春趣氣息。

※佛手瓜能和許多香料搭配，既不搶風頭，也不會被香料的強烈性掩蓋掉溫潤本色，贉菜湯底可用作義大利麵醬料，若拌上香椿或刺蔥碎末，更是風味獨特。

象徵吉祥、祈福的佛手瓜，常被用來供佛，更是食療涼補佳品。

香圓燉排骨。

準備食材。

山居筆記72

這種事，我一輩子很可能只會玩這一次吧？

依個人理念來建構工作室，沒有建築師、不發給包工商，自己設計、雇工、監工，鐵工、泥作等分由多路人馬來配合施作。

不同的地理因素、環境條件、天候特性，會孕育出不同的物種，人類生存其中，也會向環境學習、截優補短，逐漸形成當地獨特的人文風情與生活樣貌。什麼樣的環境條件，利於蓋怎樣的房子？應採用什麼建材？構築工法以何為優？在建構山居工作室時，我希望能將這些素都考慮進去。

春夏秋冬，四時推移，山居的陽光、風向、溫度、濕度……，會隨不同季節而變化。工作室的建構，不能只顧慮到美觀、設計感，功能性與個人風格的協調並存，才是我追尋的方向。

山居裡樹木多，固然遮蔭效果佳，但種植太密，濕氣重，也不利樹木生長，為了爭陽光，許多樹木枝葉都糾纏在一起。例如茶花樹的枝椏已穿進一旁的桂花樹叢中，乍看之下，還以為桂花樹變種開出茶花，肖楠和椰子樹相爭，結果肖楠瘦巴巴、椰子樹則斜向天去，高到無法攀爬，只能仰望上方盛產的椰子興歎！庭前的白櫻花，因為陽光都被肖楠和南方松葉冠遮去，病奄奄的枝幹歪著長，枝上綠葉稀疏，勉強活著，有幾株茶花樹或因日照不足，枝上一顆花苞也無，在肖楠樹下的紅楲樹，完全曬不到陽光，更顯瘦弱可憐，至於後山百來株肖楠也因種得太密，枝椏互相交纏，樹幹瘦削。

若能以山居裡的樹木、竹林來做為部份建材等，一方面，正好趁機解決林木栽植過盛、過密的困擾，讓留下來的樹木擁有較寬疏的成長空間，雜亂的竹林整頓後比較好照顧，又可免於竹林叢生擋道的麻煩，至於數百棵檳榔樹或可鋸下作為山居圍籬，成為一種特色。

雇請在地人蓋在地屋，並儘可能地取之當地，用之當地。

這對我來說，確是很大的考驗，但我樂於嘗試、學習，懷著期待、好奇自己的山居生活實踐過程，結果會是如何？

山居筆記73

前置作業大致準備就緒。

今天，水鹿先生來舉行「開工」儀式。據說，神祕的瑪雅曆法算出今天（二〇一二年十二月二十一日）將是世界末日，全球許多信者已做了各種準備，為人類的滅絕，開始倒數計時？我並未刻意擇日，但這恰是我來山居的一〇一天，碰巧在預言中的世界末日之際開工，豈非巧得有趣？

沒有三牲蔬果、酒水菜餚，水鹿先生只是以掃把輕敲鹿寮各處，喃喃祝禱，敬告地靈，欲將原處改建為工作室，希望動工過程平安順利。

我好奇地在一旁觀看著，心裡默頌心經、往生咒，回向給天地眾生。

面對未知，人類既堅強又脆弱，需要心靈的依靠、慰藉，做許多事，都得祈求神靈護佑，才覺心安。

對此，無神論者或許斥之為迷信，但我認為，對天地心存敬畏，是一種謙遜，懂得感恩，也才懂得珍惜，對人對事會莊重以待，有所敬畏，也較能自我約束，凡事不荒唐亂來。

我敬天、謝地，感恩這一路來給予我許多協助的人。

水鹿先生在山居鹿寮屋頂上抓到的雨傘節，交給山中奇人帶去放生，圖中人為山中奇人。

雨傘節。

動工不久，就發生驚悚「大事」。

水鹿先生在屋頂樑柱上，抓到三隻雨傘節。

幾乎每位來訪山居的朋友，都一再提醒我要小心「長長的」。是禁忌嗎？大家提到時，總是刻意避開那個「邪惡」字眼，彷彿若不慎提到，就會將牠叫喚出來。

但直到現在，我都沒去買捕蛇器，或做任何防範措施。

是憨膽吧？生死有命！若真撞見，我大概沒勇氣、也沒本事拿捕蛇器和牠們對抗吧？

日子一天又一天過去，住在林木蓊鬱的山居裡，我免不了戒懼，但求上蒼護佑，讓「長長的」遠離山居，他處覓食去。

天氣漸漸轉涼，非常幸運地，安然度過夏秋，「長長的」該冬眠了吧？

我暗自高興，以為暫得苟安。殊料，水鹿先

生才掀開部份屋頂鐵皮，就發現樑柱上盤據著一條雨傘節，為了捕獲牠，手背還不慎撞到鐵架，受了傷。

「長長的」被裝進麻袋掛在鹿寮外的龍柏枝椏上，隱約見出原形，我好奇地看著，就怕袋口沒綁牢，「長長的」溜出來。

午后，水鹿先生又抓到兩條，還是雨傘節。

何其僥倖啊！洗衣機就放在舊鹿寮裡，這麼長的時間裡，我每天洗衣、曬衣，進進出出，都安然無恙，甭說被咬，「長長的」沒跑出來嚇我，真該感恩磕頭。

傍晚，山中奇人經過附近時，繞上來「探班」。

他從不諱言啥都吃，不僅吃野菜山產，逮到肥壯的鼠、蛇、猴等，照常拿來祭五臟廟，我支支唔唔地問：「呃，那這三條蛇……」他不屑地瞧了瞧麻袋，說：「這三條都還小，只能放生啦！」我放心了，點頭稱是，卻見他笑瞇瞇地，又補充一句：「小傢伙不放生，將來怎麼會有大的可以吃？」他繼而諄諄教我，如何烤蛇肉、煮蛇湯、喝蛇血，好似美味已經入口，一臉讒相。

三條雨傘節託他帶到深山裡去放生。

我悄悄頌了一部《金剛經》回向給「長長的」，但願此去永別，各有各的路，有命就好生活著，快快修成正果，千萬別再來訪。

山居筆記 74

連日下雨，
工程暫歇。

山居筆記 75

唉！我對農事之低能，讓人見笑。

同學的老婆瑩玓特別從臺中帶來各種菜苗、肥料，挽起袖子，拿起鋤具，在菜園忙了一上午，那兩畦眾人嫌的菜圃就改頭換面了。

「這是羅勒，做生菜用的，後面是芹菜、蕃茄、九層塔，那邊是高麗菜、大頭菜、移植過來的韮菜。混種會長得比較好，減少蟲害……」瑩玓殷殷說明，並教我如何照顧。

然言之切切，聽者渺渺，那內容彷若天書，我用心理解，不斷點頭稱是，但眼神茫然，微笑回答：「嗯，好的，我明天就去買鐵絲來搭網架。嗯，每天澆一次水，偶爾拔雜草，嗯，好的。」

「一點都不難啦，也不用花很多時間。」呃，這是她說的。

瑩玓笑得輕鬆，頻頻為我打氣，連參考書都帶來了，教我依樣畫葫蘆。呃，我有無天份尚待考驗，但人家辛苦建構的新菜圃，若毀在我手上，可不行。

山居裡的物種，長年累月放任天生地養，沒有人禍為患，蝸牛、小粉蝶超級多，想當初陸續種下A菜、香菜、南瓜、絲瓜之際，曾發豪語：「第一次收成的菜要送給帶我去買菜籽的朋友吃！」言猶在耳，於今，那些菜苗卻早已全軍覆沒，僅餘前人種下的韮菜、地瓜葉還健康活著。

菜圃新綠，楚楚可憐，就不知這批新綠軍，命運會否一樣坎坷？

這是瑩玓忙一上午的漂亮成績。

76 山居筆記

瑩玓重建了菜圃，把菜苗種好，我一則喜，一則憂，雖恥於承認，但之後就得靠我自己搭防蟲網、按時澆水、拔草、施肥，偶爾恐怕還是得抓蟲蟲、蝸牛等菜蔬天敵，單是想像就有點手軟。

雖然朋友們常津津樂道養花種菜的諸多快樂、收成時的成就感，喜悅溢於言表，我聽著也露出讚佩欣羨的眼神（呃，其實，沒有真的很欽羨啦，比較多讚佩的成份），但內心還掙扎著另一種反面聲音：只要確保有機蔬果店裡賣的產品真正有機、無農藥殘留，那麼花錢比花時間更省事！一樣能享受快樂、健康。

我承認，在這方面，我遜斃了！

記得大伯曾說：「自己種的菜會有感情的，吃起來特別甜。」會嗎？目前我還體會不到這類浪漫，只依稀記得許多年前曾在臺北家頂樓花台種菜，收成三條小黃瓜時，寶貝得很，捨不得煮（全無農藥，不生食豈非太可惜了？），切成數股，全家人分食，滋味也沒啥特別，就是口感脆脆的小黃瓜味嘛！那時，狗兒小球二世，瞧我每天關注花台菜蔬的時間，比關注牠多，常趁我不在時，跳上花台胡咬亂蹦，菜苗被糟踏得活不成，而我是個很遜的狗主人，見打罵無效，就放棄了，任由牠把花台充當遊戲間，不種菜後，牠竟也不上去胡來了，那花台上的金桔樹得以倖存，十多年來長得極好，從不施肥，仍四季開花、結果，金桔一再盛產，吃不完、送不完，也懶得採收，任由掉落滿地。

每天一早平均都會逮到數十隻蝸牛，放生到山居邊緣坡坎下。

眼下，山居菜圃重建了，天天下雨，連水都不必澆，但到了晚上，卻開始擔心，菜苗會不會在夜裡被蝸牛吃光？萬一下大雨，會否沖垮辛苦堆築起來的菜圃、泥土會不會流失？

清晨，眼睛一睜開，就趕忙撐傘去視察，見到菜苗安然無恙，才鬆口氣。

為降低危機，我成了蝸牛剋星，一有空就拿著昆蟲夾展開地毯式搜尋，見一隻抓一隻，地面、葉片、牆壁，甚至踩著石頭、鐵梯子。把爬到樹幹高處的蝸牛一一摛來，集中放進小水桶裡，傾倒在離菜園較遠的山居邊緣。

查過昆蟲生態，據說蝸牛什麼都吃，雜草、樹葉、菜葉、菜梗、樹汁，甚至還分腐食性及肉食性的。且不管被我摛來的蝸牛諸君食性如何，反正山居邊緣草木叢生、還有一片竹林，該夠它們啃的，毀掉我種菜樂趣的壞傢伙，沒被論斬處死，該知足，沒得挑食，能吃飽，就萬幸啦！

山居筆記 77

粉蝶兒飛來飛去，好美、好愜意喔！喔哦，是嗎？

那是沒種菜者的痴傻浪漫，已經有不少人警告我，小粉蝶食量大，對菜蔬的危害絕不下於蝸牛。

山居裡，除了蝸牛族繁，小粉蝶也極多！

不久前，陳大哥來，曾左顧右盼，望著滿園飛舞的小粉蝶，啜口茶，搖頭，閒閒地撂了句：「你這裡高麗菜種不成！」當時，我也就聽著，沒在意。

自從瑩玓在園子裡種了高麗菜苗後，那句話就變得極具威脅性，常冒出來嚇我！蝸牛，動作遲鈍，能輕易手到擒來，小粉蝶會飛，我可不會飛，昆蟲夾完全失效，雖備有長桿網子，但就算捕得到小粉蝶，也不敢碰啦，都市小孩的我，從無古書或國畫裡「輕羅小扇撲蝶螢」的小女兒情趣，童年時，只曾有被被蝴蝶咬鼻子（天知道那隻怪蝶啥毛病，不吃花倒吃我？）的恐怖經驗。

蝶兒滿天飛，別人或以為美，想到菜圃的我，卻是望蝶興歎！

專家建言，若堅持有機栽培，不噴藥，唯一的辦法，就是搭設防蟲網。

需要的工具、材料，幾天前，我就備齊了，卻遲未行動。

每天好玩、想做的事，多到忙不完，嘖！還要花時間搭設防蟲網、伺候蔬菜嗎!?我好端端的日子，每天寫作、畫畫、玩音樂多樂啊！為啥要來到這山野林間幹粗活？為啥要費事和蝸牛蟲蝶周旋？

瑩玓借給的參考書，只簡單寫著如何搭防蟲網，輔以幾款照片，沒有步驟分析，我依樣畫葫蘆，心想，既要做，就一勞永逸，將菜網搭高成暖房的形式，方便進出，日後，無論是需要拔雜草、或種瓜、豆等菜類，需要搭架子讓藤葉攀爬，都會輕易些。

盡其可能地廢物利用。菜圃旁，有日前瑩玓在菜園週圍找來的四根竹子、和一根鐵棒，但遠遠不夠，我估算了一下，至少還需要十二根長桿子。

四下尋找可用之物，發現酪梨樹旁，就躺著兩根長竹子，但拉扯不動，我奔回

菜園旁的小竹林裡亂竹倒塌，供我取之不竭。

旁邊搭防蟲網賸下的用具：綠色菜網、廢水管、竹子、鋸子、鐵絲、ㄇ型固定物、小鏟子等。

倉庫取鋸子，想起之前也曾鋸下一整根長竹子放在車棚雜物堆上晾乾，於是找去，使勁拖動那根竹子，這一拖動，一個被被壓扁的瓦楞紙箱掉下來，赫然驚見底下黑鴉鴉地全是螞蟻，用成千上萬且不足以形容。

恐怖至極！

我還是鼓起勇氣，總算把那根長竹竿鋸成四截，奮力拖到菜園，加上在酪梨樹旁鋸來三截竹桿子，算算還差五枝。

時近傍晚，蚊子漸多，不管了，且暫用廢棄於菜園裡的塑膠水管代替，將就著先將防蟲網架起來吧！

用小鏟子挖土（那是在兒子幼時到海邊挖沙玩的，之前一直擺在我的後車廂裡），多日陰雨，土質鬆軟，很快就挖出一個個的洞，依序插入竹桿子，把土填平踩實。

這點小工程，之前瑩玓說一小時可完成，我卻忙了大半天，尚未竟功。

竹桿架得比人高，我踮起腳尖，費了九牛二虎之力，才在四週圍妥網子，並以鐵夾子和鐵絲固定，但上面那層怎麼辦？人太矮，怎麼也沒法兒把菜網子舖蓋上去。

瞧著天色愈來愈暗，暫且如此，我收工回屋。

一夜風雨，我躺在床上，擔心防蟲網不穩，會倒下來壓扁菜苗，起床換衣，拿手電筒，撐傘跑去菜園子瞧瞧，幸虧沒事，安心回房再睡。

次日晨起，雨仍滴滴落，第一件事就是跑到菜園子。

卻見竹桿子、塑膠水管倒的倒、歪的歪，綠色菜網趴在菜圃上，毫不留情地把一些菜苗子壓扁了，沒時間捶胸頓足，我含悲忍淚，趕緊善後，收拾殘局。

山居裡現有的花樹、果樹，都不需要照顧，甚至數月沒澆水，也照樣活得很好。種菜，挺費事的！想吃新鮮蔬菜，前回失敗的經驗，讓我好掙扎。

這幾日，我每每一邊視察菜園，慶幸菜苗還好端端活著，一邊內心交戰。

但交戰沒用，結論是：

一、不能對不起瑩玓的一片苦心勞力，讓菜苗子又成了蟲蝶、蝸牛的大餐。

二、不能認輸，大大的人，豈能被小小蝸牛和蟲蝶「吃」敗？

三、我之來山居，不是要學習與自然共處、學習融入生活？任由偌大菜園空廢，拱手讓蟲，也忒遜了！

為使山居菜園生氣勃勃，成為人蟲共享的快樂天堂，我勸自己，就別斤斤計較時間、別抗拒勞動，快快丟掉中產階級的布爾喬亞式優越感。反省著、拖磨幾日，我總算認命，哀怨地站起來，換上工作服、穿著雨衣、雨靴，拿起鋤頭、菜網等用具，決心來去菜園子搭設防蟲網。

山居筆記 78

之前野心大，想將防蟲網直接架高如暖房的念頭並未消褪，只是一時間人力不足，計劃擱淺，暫且放低標準，將現有的竹桿子鋸短，因為沒耐性細量，鋸得長短不一，但克難著用吧！

有了之前的失敗經驗，這回，我把洞挖深些，使勁用鋤頭將竹桿子敲進土中、埋實，並以鐵絲在直桿子與竹桿子間綁上橫桿，縱橫交錯、相互牽制，藉以穩固經緯。

我不曾幹過粗活，不知道可用鉗子絞鐵絲（之後，水鹿先生來量工作室的屋頂尺寸、試以水刀清除鐵鏽，我看他就是用鉗子絞鐵絲來綁緊水管，才豁然理解自己有多笨！），單靠雙手蠻力硬為，指頭都磨起泡了。

結構漸成，我拖拉著長長的菜網，先裹覆在竹架子四週，進而舖蓋上層，自以為是，企圖取巧，仗勢菜網軟又輕，雖說不易折騰，但翻來覆去，也還算可行，就從外往內包圍，嘴裡哼著小曲兒，快樂工作，當四面週圍都蓋妥菜網時，四顧茫然，才發現竟將自己困在中央了！

唉呀？四圍舖妥菜網，就中央未舖，現下，既跨不過去，也爬不出來，若要強行闖關，必定骨架子全倒，網壓菜亡！

盤手在胸，呆立，生了一分鐘悶氣，只能面對慘酷現實。

可憐那一層層好不容易才綁牢的菜網，又得小心拆卸鐵絲層層剝下，拆妥已經

四圍舖妥菜網，才發現竟將自己困在中央了！

是下午兩點多。

幸虧骨架子無損。我歎氣，重新布局，估摸著大概尺寸，將六尺寬的菜網剪裁出適用大小，再接再勵。

停了大半天的雨，又開始滴滴落，幸虧戴著帽子、身穿雨衣，我睨著搭蓋到一半的防蟲網，心想，若現在歇手，等於白搭，若不幸半夜慘遭蝸牛或蟲子入侵，功虧一簣，我肯定要捶胸頓足，不甘心哪！

我餓著肚子，在雨中趕工，「努力享受」勞動的樂趣，好！好……好哀怨！

搭好骨架子時，雖因絞鐵絲指頭發疼，卻洋洋自得。雖防蟲網蓋得挺彆腳，但還可以改進嘛！至於過程中，我被困在中間的遜樣嗎？甭提了，我壓根兒爬不出來，怎麼拿放在椰子樹下用塑膠袋層層防護怕被雨淋壞的相機呀？

山居筆記 79

那日，搭著防蟲網時，山居鐵絲網圍籬外的馬路上，忽停下兩部貨車，不知有啥事？我覺得怪，轉頭瞧了瞧。

兩部貨車遲不離去，沒熄火，亮著車燈，任由引擎空轉著，發出低沉的呼吼。

天色漸暗，判斷防蟲網一時難以週全蓋妥，將就著草草收工。

我拿起鋤頭、用具，往菜園子外走，忽見那兩輛停著的車裡，奔出幾個人，爬過鐵絲網，朝我衝過來。車燈照耀處，人影幢幢。

「有水嗎？有水嗎？」其中一個男孩邊跑邊喊。

翻牆進來要水？

「水在這裡。」我沉著聲說，指了指水龍頭的方向。

那個拿著空保特瓶跑錯方向的男孩於是轉身奔去。

「車子抛錨了嗎？」我問。

男孩默默裝水。另一位拿著手電筒的男孩也是低頭不語。

冬季天色沉得快。黑暗中，看不清楚他們的臉龐，只覺五官像來自東南亞一帶的外勞，身材卻像未成年的青少，個頭不比我高。

為什麼不回答？是聽不懂中文嗎？但聽他們的對話是中文呀！鐵絲網外，貨車上幾個人的交談聲時而傳來，也是國語夾雜著臺語，翻牆進來借水，問話卻不回答，感覺就是怪！

「你們就這樣直接翻進來，幸好我老公沒看見，如果他知道的話……」我故意這樣說。其實老公在臺北，當下偌大山居只有我一人獨住。一群年輕男子若真要起歹念，我豈有招架餘地？掂了掂手上鋤頭，估量防衛力，若遭意外突襲，該如何反擊!?

念頭升起，頓覺可悲，願意廣結善緣，助人為樂，但當面對陌生，依舊戒慎恐懼，就怕人起歹念，十萬個好人中，但遇一次意外，後果不堪設想！於是先築起心防，板起臉，天色暗沉中，那年輕男孩，或許見我帽沿壓低，身穿雨衣，手拿鋤頭、鋸子的怪樣子，也心驚膽跳？

他們取完水，車似可順利發動了，不知為何又蘑菇了五、六分鐘後才離去。

虛驚一小場！呵！事後回想，到底誰嚇誰咧？

紫花與長豆子。

茶花盛放。

黃花盛麗。

晨起，才開窗，桂花香就撲鼻而來，披衣走出戶外，老桂花樹上白色小花結滿枝頭，旁邊，黃鐘花一樹璀燦，綠叢間，黃色白翅鳥般的不知名花朵也丰姿娉婷，一盆盆螃蟹蘭，開得嬌嫩，走到大門入口轉彎處，樹蘭、聖誕紅、合歡也都暢快盛放。

連續下了十幾天雨，陽光僅偶爾露臉，趁著略略轉晴，想摘點刺蔥和香椿，走向屋後，才發現整排茶花樹上，開了數十朵比碗口還大的花，一派嫣紅富麗；不遠處，合歡也是株株繁華，豔紅的、粉紅、粉白的，整串整串的花朵把枝椏都壓彎了。

連竹林旁的倒掛金鐘、車棚後開紫色花串的香蒜藤和櫻花樹也都來湊熱鬧。是氣候多怪嗎？花不是各有固定花期嗎？前不久，櫻花樹已陸續綻放，花不多，花謝後，綠葉長出來，現在，竟又再度開花，是品種不同嗎？

信手數來十多種花，約好了似地，一起綻放，整個山居，香氣漫泗，那些天，無論走到哪兒，都有花香。

山居筆記 81

終於轉晴，工程再啟動。

首先要面對的問題是，拆卸下來的屋頂廢棄物如何處理？

由於鹿舍是很久以前蓋的，當時鐵皮屋頂多採用保麗龍和石棉瓦為建材。而近年來，環保意識抬頭，石棉瓦早已禁用，並因無法分解，無人願意回收，舊型鐵皮屋改建時，廢棄物處理就成了一大難題。

之前，水鹿先生曾幫忙問過營建商如何處理？據說全省只有南北各一家專業公司，按斤論價，拆一間屋頂的廢棄物動輒七、八百公斤，加上運資，費用不低，一般人為了省錢，常將之偷偷棄置於深山野地、或作為建築填土，較有良心的人或在自己的土地上挖坑掩埋。水鹿先生就建議我這樣做，他是想為我省錢，說山居土地寬敞，花幾千元雇請挖土機，在山居邊緣或未利用到的地方挖個又深又大的洞埋進去，因石棉瓦不會分解，不致危及安全，而且埋在自家土地下面，既不犯法、也不損傷公德。但是，我和老公都不想這樣做。

想起川哥，之前他送椅子來時，曾提到他是專門負責調度清潔隊的，於是，我打電話求救。

「沒問題，等全部拆完，就通知我！」他爽快地答應派車支援，收費也非常合理。

我鬆了一口氣。

屋頂全數拆完那日，下午三點多，一輛大卡車依約而至，川哥親自隨行。只見怪手上下操持，很快地，數百公斤重的廢棄物就被通通抓進車斗裡。天氣熱，早上我就現摘了檸檬打成果汁，調以高山烏龍茶，略微冰鎮，此時正好拿出來請大夥兒解渴。

坐在樹蔭下，喝著檸檬茶閒聊，說說笑笑，晴日午后的山居，陽光金晃晃地，山風微微，樹影輕搖，一派舒爽。

一切順利，略微遺憾的是，大卡車噸位太重，壓崩了部份水泥路面，我把碎成一塊塊、翹起於路面的水泥踩壓回去，暫時這樣了，且等竣工後再來設法修護吧！

山居筆記 82

早晨五點多，我就醒了，起身到廚房，依比例調合溫水、糖、鹽、酵母粉等，先用機器揉麵、發麵，再放入紅酒蘋果醬，四小時後，麵包烤好，約莫十點，正好在口感最佳時，端出去讓大家享用。

記得小時候，父親似乎特別喜歡「搞房子」，家裡三不五時地就會大興土木，時而整間屋子重新油漆粉刷、修改裝璜，孩子長大，空間不夠了，就擴建屋舍、增加房間、廁所，透天厝從二樓變成三樓，還有一間小閣樓，成了我和姐姐的房間。

若早上吃西式餐點，下午就改吃中式餐食，這天下午做的是煨排骨寬冬粉。

有桌椅不坐，水鹿先生端到肖楠樹下蹲著吃，時而仰望眼前已架上鋼樑的屋架子，飲食不忘工作，呵！不枉我一番善待，明天要端出更好吃的才行。

印象中，每當家裡有工程進行，父親就會準備充足的餐食、點心、飲料，說是一定要讓工人吃飽，這是源於臺灣舊習莊稼農忙時，互為換工、或雇工時的慣例，但現在少有人這樣做了，尤其都市似乎不時興這一套，普遍做法上，工程發包，酬勞談妥，連便當也由工頭自行發落，構工完畢，依約付錢，雙方一拍兩散，倒也乾脆俐落。

我原想，聊表心意嘛，或許中午請他們吃便當？從附近的客家小館子叫進來，挺方便，但水鹿先生說，他們都自帶茶水，而且住在附近，回家吃就好啦！因此便當、茶水都免了。

我雖成長於都市，卻挺喜歡父親的做法，不叫便當？那就提供點心吧？雖然費事，但雇佣關係卻多了一點人情味。

於是，從構工開始，我就每天張羅。

現烤洋蔥麵包＋豆漿、紫米飯糰＋海帶蛋花湯、起司火腿捲＋生菜沙拉、總匯三明治＋咖啡、肉絲家常炒麵、紅酒果醬麵包、香煎豬肋排＋小麵包＋南瓜湯……，每天早上十點、下午三點，各款待一次點心，夠我忙的。

瞧他們大口嚼食著，眉開眼笑，嘖嘖讚賞，說我入錯行，應該當廚師，尤其西餐做得真好！或許是吃人嘴甜，句句好話流油，但見每回盤底朝天，顯然味道不是太差!?我也歡喜。

山居筆記83

暮色蒼茫還在施工。

構工技術日新月益，雖然目前蓋鐵皮屋，多改用C型鋼條架樑，施工快速容易，但我喜歡舊鹿寮的屋樑架，線條變化多，較具美感，且比新型鋼條更堅固牢靠，因此，雖然拆下的舊鐵架和鐵欄杆，日久鏽蝕，得除鏽、上漆、整理過後，才能重新組架，請吊車升高架回去，費工、費時，但我仍希望能保留下來。這樣的舊型屋頂鐵架現今已不生產，能延續其生命，覺得很開心。

不過，鐵屋樑架線條複雜，得先以鋼刷人工除鏽，內面、死角處也不易除淨，頗傷腦筋，水鹿先生很聰明，借來了洗車專用的機器，幫浦一開，水注如刀，試用之下，效果不錯。

山居筆記 84

假日休工。

水鹿先生送來玉米半袋。

那是他請人在山裡種的臺灣原生種玉米，要給水鹿吃的，不施化肥、農藥，以免有害物質殘留於水鹿體內，影響鹿茸品質。

每當鹿茸生長期，特別補充營養，大概是因為這些玉米太好吃了，水鹿變得成天只想吃玉米，不愛吃其他飼料，水鹿先生有點煩惱，為免水鹿偏食，決定減少玉米供應量，我因此得利。之前，這些玉米被水鹿先生視為珍寶，輕易不肯送人，也不肯賣呢！

這玉米實在超好吃！瞧老公吃得香，都沒時間說話了，拍下他貪吃的模樣。

現摘的玉米馬上下鍋最好，若擱置了，鮮甜度就會遞減。老公剝除玉米穗、去皮、洗淨後，我就起爐全都煮了。燙玉米的水，不捨得倒掉，留下來當湯底，不管是加白菜、丸子，或丟些豆腐、青菜，不必放任何味素，只加一點點鹽，湯汁就鮮美極了！

物多不愁。玉米一時吃不完，就分裝數袋冷凍，嘴饞時，拿出需要的份量，或烤或煮、或削下玉米粒炒蛋、作湯皆宜。

假日，在樹蔭下用餐，玉米、配上家常菜色，一邊曬著棉被，一邊啃著玉米，陽光暖洋洋地，偶有微風徐徐，生活平淡而富足。

山居筆記 85

那樟樹幾十高齡呢？

老幹粗約一・五人環抱（我雙手圍不起來），枝椏擎天，約莫三層樓高，不知是誰忒狠心，竟在樹幹上攔腰鋸了一圈（樹是依靠樹皮來吸收水份、輸送養份的）樹皮筋絡全斷，擺明是不想它活了。

日前，整理鹿舍外環境時，才赫然發現它。

好好的樹，怎就不讓活呢？覺得可惜，但也無奈。

老樟死了，若放任不管，年久歲深，恐將腐朽倒蹋，潛在著壓到人、屋的危險。

趁著構工之便，決定一併處理。

鋸樹是一門專業，內行人懂得計算角度，控制樹倒下來的方位，避免危險，原以為得請吊車和專門鋸樹的工人來，但這幾天，水鹿先生得空時就前後左右地瞧著大樟樹，似乎胸有成竹。

午前，我到後面摘刺蔥和香椿，預備下午做點心，忽聞轟然巨響，跑過去看，只見大樟木已被鋸斷。

樟木真香。

鋸上半段時，我沒留神，鋸下半段時，我就在旁邊好奇地看著，只見電鋸轟響，木屑如粉塵翻飛，在陽光照射下，就像渡了一層金色的霧，濃郁的樟木香味飄散於空氣中，聞嗅著，神清氣爽。

可憐被剝皮死亡的樟樹。

上圖：將樟木送往鋸木工廠。

下圖：這棵大樟木，後來被我設計成工作室的樓梯。其中一部鋸成幾段，設法送到製材所去裁切成寸板。

另一位師傅將木材固定在機具上，設定好寸板厚度，輸送帶就緩緩前進，一次次地來回通過電動裁切設備，一片片寸厚的木板就被裁切下來了。

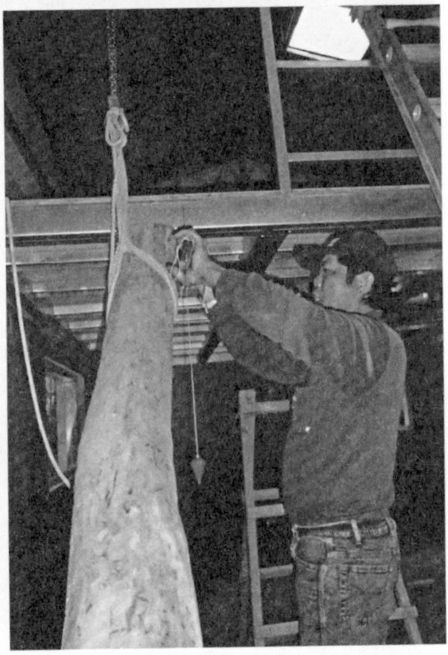

右圖：由於樟木主幹太重，就算用吊車也無法搬進屋裡，只好退而求其次，以較粗的分枝為龍骨，但不筆直，一次次測試正確的水平，以免樓梯板傾斜。

左圖：樟木樓梯接近完工的樣貌。樓梯板的木片，是從同一株樟樹上切片下來的，片有三公分厚。

山居筆記 86

幹了一件——算蠢事嗎？

最近忙於整頓山居環境，一名工人看到後山橄欖樹結實累累，羨慕地說：昨天去幫忙打橄欖，才打了二、三十斤，妳這一棵能打下五、六百斤喔？」是嗎？我望著二、三層樓高的橄欖樹，心想，我無力管顧，若任由橄欖掉落腐爛，未免可惜，順口回答：「若想要，就送你，有空時你自己來採收吧。」他喜孜孜地。

我原以為就是他與姐姐二人找時間來採收一些罷了！

未料，週日清晨，我欲往菜圃時，發現大門外停了小貨車，只見一位農婦率領五、六個大男人扛著幾大包的網子從小路上山，還笑嘻嘻地打招呼說：「老闆娘你好，我們要來打橄欖啦。」

生平第一次被稱喚為老闆娘，有點礙耳，我笑一笑。

望著他們這麼大的陣仗，我悶悶地往菜園裡走，一邊澆水、施肥，心裡咚咚擂鼓，覺得自己太輕率。

山居獨門獨戶，最近的鄰居在幾百公尺外，簡陋的鐵絲圍籬形同虛設，所幸大樹圍繞、居高臨下，私密性高，閒雜人等不易從外探知山居內的情形。

突然間，一群陌生人大辣辣地走進來，感覺不是滋味，而且還是我主動應允人家的。

惜物是好，廣結善緣是好，但沒有智慧的愚善，叫蠢！因不想暴殄天物，雖素味平生，也樂於讓人免費採收橄欖，卻完全沒顧慮到可能導致的後果。

雖說他們是從圍籬外的小路往上走，但地界邊緣有一段鐵絲網早已不知被誰剪斷（唉！我圖省事，一直懶得去修復），有些橄欖樹是長在圍籬內的，若欲採收當然就得長趨直入，而只要再一路往前進，就可以直達我家後院！

那麼大陣仗地來，顯然是打算將我地界內的橄欖樹一網打盡，這事小，我擔心的是，若一直往裡走，輕易就能將我山居裡的狀況摸透，哪兒有路？路通到哪兒？哪兒種了什麼樹？有多少珍貴樹種？動輒十幾萬元的龍柏、櫸木、肖楠有多少？種在哪兒？一清二楚，他們走山竄林慣了，日後，若有心潛入、砍樹、搜刮，如探囊取物！

我相信他們都是善良純樸的人，絕無懷疑之意，而是反省自己的個性未免太莽撞，若對方是知根知底的人，倒無妨，但對於不知底細的陌生人，凡事仍應謹慎為好，愈多閒雜人等知門熟路，徒增潛在的危機，我傻乎乎地自埋地雷，萬一哪天不慎引爆任何一枚，只能怨自己。

終究是不放心，我走出菜園，隨後跟上去瞧個究竟。

第一次看農民如何採收橄欖，十分新鮮。

他們將巨大的細網子拉開鋪在橄欖樹下，一人爬上樹去，用力搖晃、並以長竹竿敲打結實累累的樹枝，一時間，橄欖灑落如雨，蔚為壯觀，一忽兒功夫，就有了十斤、百斤跌在網上，但那位農婦卻歎氣：「打不夠工錢啊！」她說，我家的橄欖樹種得太密，網子難舖，橄欖樹又太高，打果不易。

前陣子，在市場內看到橄欖一斤賣三十元，但農婦說批發價才七元，請來五、六位男丁，忙了一早上還得不到千斤橄欖，只勉強夠付工錢。

農民辛苦，終年劬勞，作物欠收，賠本，豐收，價賤，受雇採收橄欖的幫工，得爬那麼高的樹，稍有不慎，就可能摔落下來，頂著大太陽，流著汗，付出勞力，卻所得有限。

靠山吃山，樂天知命，農民的韌性與智慧，在樸拙中見性情。

他們嘻嘻哈哈地工作著，幫工都是熟人，一會兒，又有其他鄰居竟也擰著袋子來撿橄欖（原來他們這一出動，早已好康相報、鄰舍皆知），一會兒，又有你兄我弟的誰誰誰也來了，打開手上的塑膠袋，裡面是瓶瓶罐罐的各種飲料，大夥兒席地而坐，就喝起來了（又是保力達B調兌維他露P），天南地北地閒扯淡，間雜著粗俚野話，偶爾還來上幾句葷腥。

我聽著臉紅，悄悄走到另一邊。

農婦和幾位工人正一邊收網聚集橄欖、裝袋，閒聊著，教我製橄欖酒，說是能降血壓、血糖，尤其能治尿酸過高和腰酸背痛。

打了幾株橄欖樹後，評估環境不利採收，農婦決定提早收工。

前人種樹太密，原是缺憾，此刻卻起了正面作用，讓他們無意再往內深進。我安心了，讓他們繼續飲酒、收拾，自己先從小路回家。

一會兒，接到農婦來電話，說是在門旁留了一袋橄欖給我製酒用，我放下手邊事，跑出去，發現停了一早上的小貨車已走了。

大費力氣才把橄欖從門邊拖到車棚下，倒出來像座小山。

煮茶、釀酒雖簡單，卻很花時間，那天，單是將橄欖洗淨、晾乾，就讓我累到直不起腰，還擔心若午后下雨，得及時搶救，否則就白忙了。

快快出門買回兩大箱米酒，把玻璃罈子洗淨、吹乾，趕在落日前，將橄欖收起來，一顆顆拭淨，泡進罈裡的米酒中封存。

做著這些，一邊嘀咕著，幹麼自討苦吃？但當新酒釀成，心裡一股淡淡的喜悅。

臺灣生活便利，想吃喝什麼？肯花錢幾乎都能買到，但錢雖能買到物質與便利，卻買不到親製手感的溫度。固然，我為安全考量，慶幸他們提早撤離，未深入山居，但和農民一起上山打橄欖、學習如何洗、曬橄欖、製茶、釀酒、感染到他們的樂天知命。這些可貴經驗，都是錢買不來的。

上二圖：打橄欖，農民得爬上兩、三層樓高的樹上，用力搖晃，或拗長竹竿敲打，地面舖著極大的網子，橄欖雨蔚為壯觀。

下圖：來幫工的都是熟人，一邊工作，嘻嘻哈哈，有人席地而坐，打開保力達B，兑上寶曠力或維他露P就喝了起來。

山居筆記 87

天氣驟變。晚間八點多，水鹿先生突然來電要我開大門。

這些日子，他每晨天色未亮就得起床先去砍草、餵鹿，趕在八點左右來上工，五點下工後，又匆匆趕去餵鹿，除了穀物、牧草外，每隔兩三天，還得開車到草屯河岸邊砍水鹿愛吃的野生構樹（俗稱鹿仔樹，也稱楮木、噹噹樹等）回來為水鹿加餐。這天，他下工後，到草屯砍完鹿仔樹回到家中已經八點多，等著柴爐燒熱洗澡水時，一邊吃飯、看電視，瞧見螢幕旁的氣象跑馬燈顯示，全臺各地都在降雨，而屋外果真已飄起毛毛雨。

他擔心半夜下大雨，未百分百完工的屋頂可能會遭殃。鐵皮屋隔音效果差，大雨打在屋頂時聲量嚇人，因此，特別在琉璃瓦下加釘一層環保木板，萬一在完工前被大雨淋濕可能會受潮腐爛，得設法遮蓋起來。

因山居尚未架設庭園燈，戶外一片闃黑，只能靠手電筒照明。

黑暗中，水鹿先生爬上將近五公尺高的屋頂上，將之前包裹琉璃瓦等建材的塑膠氣泡壓布拿來廢物利用，覆蓋在洞開的天窗（尚未黏蓋膠合強化玻璃）上方，用繩子綁牢。

不一會兒，果真飄起毛毛雨。昏暗的燈光照明處，微雨如絲。

天窗覆蓋好了，還有屋脊部份。

為免氣泡塑膠壓布被風掀飛，水鹿先生特地跑回家拿來電動螺絲起子。

這就是雇請鄰居施工的另一優點吧？家在咫尺外，缺東西時，一切好辦。

我穿著雨衣在地面當助手，屋脊中直長達數公尺，好幾次，我才抬起它，就被拉著往後傾倒，頭都砸破了，連試數次，才掌握了平衡，勉力往上抬高，交給站在屋頂上的水鹿先生接手，屋瓦濕滑，水鹿先生小心翼翼地，駝著腰背，降低重心，仔細進行防護措施。

之前，不少朋友曾告誡我，自己雇工、監工有多困難，若雇主外行，工人常會欺生，敷衍了事，或是刻意拖延，以賺取更多工資。

對於工程，我的確是個大外行，就算被糊弄，也不易察覺，更無能判斷施工是否被敷衍、拖遲，只能以誠待人，期盼工人們能將心比心，認真構工。

風雨中，我仰望，暗沉天空下，僅有手電筒微光照明，專注於工作的水鹿先生猶如剪影般，輪廓線泛著淡淡的反光，只見他忽而往前、往後，忽而站起、蹲下，冒著雨栓鎖螺絲。

什麼是值得留下來的臺灣精神？這就是。

有多少工人會因為擔心下雨，半夜專程跑來預作防範？

其實，就算未完工的屋頂遭雨襲受損，問題也不會立即顯露，而是在一段時間後才會被發現，那時候勞雇雙方早已銀貨兩訖，誰還管你日後延伸啥問題？

那一刻，我深以為水鹿先生體現了被許多現代人遺忘、忽略的臺灣精神。

「ＯＫ了，就算半夜下大雨也不怕。」忙了快兩小時，水鹿先生總算放心，片刻不逗留，匆匆離去。因為他還沒洗澡呢，而燒熱的水，恐怕早涼了，還得重新燒熱。

微笑送他離去，我鎖上大門，感觸良深。

山居筆記 88

天氣出奇地好，豔陽赤烈，曬得頭發昏。

假日不構工，午后，水鹿先生開小貨車帶我去較遠的溪邊，他鋸鹿兒樹，我撿石頭。

烏溪和北山坑溪貫穿南港村。

工作室的建構，希望儘量使用在地石材，因此這陣子，一得空，我就會到鄰近的溪流邊撿溪石。

北港溪下游河床寬濶，雨後濕滑，得穿著雨鞋避免跌倒、防蟲蛇咬；天晴時，則豔陽高照，就算戴著草帽，仍曬得頭頂發燙。

遠方，紅色的北山大橋，跨過碧水澄澈的烏溪，即將通車。橋下，一望無際的河床上，塊石壘壘，放眼望去，天寬地濶，石材資源豐沛，取之不盡。據說埔里與國姓交界一帶的溪流，也是黑膽石、黃白石心石的主要產地，曾遭嚴重濫採，近年來抓得緊，河石才免遭殃。

我不貪心，所撿的石頭，都在法令規範的大小以下，依所需擇其平整、方圓，預備用來舖設廊道地面、裝飾部份牆面。

仔細挑選，才發現乍看下灰樸樸的溪石，其實暗藏豐富色澤，粉紅、褐黃、楮綠、灰白、湛黑……，有些石面還鑲著自然紋路，形貌怪奇，巧奪天工。

我常一邊撿，一邊玩賞，累了就坐在石頭上休息、望溪流潺潺，好一派自然風光，撿了一、兩小時，就打道回府，他日得閒，再來。

遇到休假日不構工，好心的水鹿先生要去為水鹿覓糧時，就會允我隨行，坐上他的四輪傳動小貨車，上山入溪，穿流而過，沿途尋找成片的野生牧草、鹿仔樹，他砍草鋸樹，我則就近在溪谷邊撿石頭，有他的協助，每回都能大豐收。

下圖：這些都是我撿回來的石頭。

上圖：南港溪河床。

山居筆記 89

人生，處處意外，處處巧合。

數年前，我曾替北投一家老字號廚具公司老闆編寫了一本他的奮鬥史，這位許先生竟是那位老闆的表弟，而且還是我們臺北住家同一社區的鄰居。

許先生聽說山居正在蓋工作室，說可贈送我們一批藝術石板，是十多年前從越北進口的，一直擱置在臺中港倉庫。那藝術石板是以稻草燒炙三十天，再以人工一片片拼貼於泥板上經一週後而成，只有越北順化的土壤才能燒出這樣獨特的美麗紋路，而且每片紋路都不相同。

據說，澳洲藝術家 Richard whybrow 就專以這種石板來創作，靈活用於地面、壁面建材、設計家俱等，在歐美國家，這種藝術石板磚，也常被用於游泳池、陽台、玄關處。

面對突如其來的幸運，我腦袋迅速轉著，是否修改原已底定的設計草案？如何將美麗的藝術石板磚融入原有的設計概念中？

這間工作室的修蓋過程，處處是故事，意外之美，總在不經意間，悄悄發生。

＊　＊　＊

於是，老公成了「現代陶侃」。

事情是這樣的。

翹首期盼的藝術石板如期運來。

見那大陣仗，嚇了一跳！

每塊石板就重約四・五公斤（面積一尺見方，厚約二・五公分），每大綑超過一噸重，出動了二十噸和十五噸的兩部大吊車。

不知是石板太重？或因連日陰雨，地面濕滑，還長了些許青苔，二十噸大吊車加足馬力往上衝，卻困在斜坡彎道上，無力挺進，試了數次，仍是衝不上來，甚至幾度往下滑，差點衝出山路，險象環生，屢試不成，只好讓大吊車暫時開走，避免擋道，改由十五噸大吊車先上來卸完貨，再一次次轉運二十噸大吊車上的貨，從早上忙到午後三點左右，才終於卸完。

原以為藝術石板可作為部份外牆壁面，見到實物才發現美雖美矣，卻太厚重，只宜作為地磚，而工作室地面原只打算敷水泥、鏡面粉光，保留沈穩、質樸、安靜的灰色調。

望著這一大批藝術石板地磚，不知該如何是好？因為吊車太大，開不進來，只能將貨暫卸在山居入口處，若不搬開，將會阻礙施工，也擋住門面，得設法搬往空曠處。

我瞪老公一眼，他滿臉無辜，又因協助卸貨閃到腰，舉止僵硬，狀極滑稽，我想笑，卻笑不出來。

之後幾日，他很認份地「效法陶侃搬磚」。

晨起，他不畏寒流來襲，拉起壞了一只輪胎的手推車，每趟兩小紮（一小紮十八公斤）、兩小紮地運磚，從山居入口處，慢慢搬到後院車棚旁安放，沒幹過粗活的他，拉沒幾趟就氣喘吁吁，似乎還有點臉色發白。

我趕緊做早餐，勸他休息，他卻嫌我囉嗦，蠻勁幹活兒（他很少這麼勤勞啦），一趟又一趟地推著磚，呃，有點可疑，他究竟是在和誰生氣呀？

這批藝術石板，是以草燒炙三十天而成、再由人工黏貼在一尺見方的鐵網上，繼而在鐵網背面敷設厚約兩公分的水泥加以固定，極為厚實。在施工時，讓泥作師傅吃盡苦頭，由於切割不易，還差點把磁磚切割機給燒掉，湯師傅連夜去尋來新的工具、更換切割片，才解決難題，工程總算順利進行，但進度困難而緩慢。

山居筆記 90

朋友問我，前些天到底在忙啥？

忙得沒有上網ＰＯ文，家裡電話也沒人接。

那幾日，我搶時間在牆上作畫。

泥作敷設第三層水泥粉光後，就是我進場做工的時候。

以鐵條為筆，直接在泥牆上構圖作畫，水泥太濕，難以著力，水泥太乾，線條拉不動，又因水泥乾得快，當泥作師傅敷好一面牆時，得搶在短短的十幾、二十分鐘內把畫面完成，緊接著，繼續進行又已敷好的另一面牆。

分秒必爭。

而牆上，除了以鐵條作畫外，並擇取山居中的各類植物，直接拓印於泥牆上，大自然的紋路，有其特殊美感，非人為造作的繪畫線條可以取代，愛其樸拙而渾然天成，但因為沒有經驗，實際進行時，才發現難度極高。

葉片太軟者，一施壓，手指、手掌也一併留下形狀；枝葉太硬者，用力不均，印壓的紋路也深深淺淺，形貌不全，而若重覆印壓，則紋路紊亂，失去美感。

結合鐵條手繪與植物拓印的創作過程中，陽光也是重要的影響因素，泥牆被陽光照射到的地方，乾得很快，陰暗處又乾得慢，出手得大膽明快，沒有時間猶豫，隨泥牆的乾濕速度，靈活應變。

我將這間工作室，視為山居生活實踐的一部份。

那並非我個人的作品，希望讓所有參與者共同完成。獨樂樂，不若眾樂樂嘛！

我邀請泥作師傅們也一起來玩牆面。

其實，在這之前，我已經努力為泥作師傅們打強心針，在閒聊間，多次提及牆面的設計理念與完成方式，他們聽著，笑我異想天開。

「不好吧？好好的牆被弄壞怎麼辦？」泥作師傅們滿臉狐疑，卻也漸被鼓起好奇與興趣，但真要下手時，仍然猶豫不決。

「從來沒這樣做過，也沒聽說過。」為首的湯師傅羞赧地憨笑著。他們雖有三十多年的泥作功夫，但把植物枝葉壓拓在牆面上的經驗卻是頭一遭。

「怕什麼？就把它印去唄！」我帶頭壓下一整株鐵樹枝葉，但才出手就漏氣，鐵樹枝葉太硬了，不易整片按壓，湯師傅見狀，拿起敷水泥的工具協助將枝葉往牆面上壓，才順利將鐵樹枝葉紋路拓印上去。

對於水泥的特性，他們可比我熟悉多了！

一回生，二回熟。剛開始，他們還怯生生，擔心損了牆面，見我任由他們發揮，漸漸地，膽子就大囉，玩得比我還起勁。

這邊，我還忙於修整印壓不完全的紋路，卻聽到那邊傳來陣陣笑聲。

「用這個啦！」

「這個也很漂亮呀！」

顧不得左牆尚未完成，我爬下梯子，狐疑地趕過去瞧瞧！

原來，他們已經拓好了右牆，這回，不待我邀請，早已自動自發地就地取材，甚至爬到圍牆外，摘取馬拉巴利枝葉、菇婆芋地，施作在牆面上，見他們玩得不亦樂乎，我也開懷大笑！

雖然，他們自由發揮、毫無章法，畫面感有些零亂，我只能依其形貌加以修整，但與在地鄉民共同完成牆面的經驗，或許僅此一回，更顯其難能可貴！

次日，他們玩得更大膽了！

我稍未注意，整片後牆就被壓滿各種植物圖象，呃，幾乎快沒空隙了，我原欲留下後牆畫水鹿和鹿仔樹呀！但既已如此，就隨機應變吧，我笑一笑，沒有多說啥，拿起鐵條將水鹿畫在樹木、草葉之後，半遮半掩地，也另有趣味。

泥作師傅們見狀，乖巧起來，廁所牆面粉光後，主動歇手，沒有繼續發揮創意，把牆面完整地留下來。呵！足感心耶！

於是，原本打算畫在後牆的公鹿轉移陣地到了廁所外牆，因為空間足夠，鹿茸也長得齊全強壯，想來若是真的鹿茸怕不足有十數斤重？

那幾日，水鹿先生因為事忙缺工，再來時，見了嘖嘖讚歎，說：「真像我去年養的那隻公鹿，鹿茸真的就有這麼大！」我在心裡偷笑，那公鹿確是以之前去他的鹿舍參觀時所拍攝照片為藍本而畫成的，只是拍攝時，那頭公鹿才剛掉了茸座，牆畫中的大鹿茸是我憑想像添上去的。

右上：摘取馬拉巴利枝葉、姑婆芋地，施作在牆面上，見他們玩得不亦樂乎，我也開懷大笑！

右下：牆畫中的大鹿茸是我憑想像添上去的。

左圖：牆面所畫的是水鹿最愛吃的構樹，俗稱鹿仔樹，還分公樹、母樹。

91 山居筆記

地坪灌漿。

早晨七點多，工人們就來了，幸虧路面夠寬，否則若大車上不來，就得停在斜坡下的大門外，再以一段段鐵管銜接上來輸送泥漿，如此還得依使用鐵管數量加價。

十五噸壓送車從彎道直開上來。

這項工程由高先生負責。「要先叫灌漿的來現場看腳路。」昨天，湯師傅已請他先來看過地形、地勢，判斷車體機具及施作過程的空間動線。

為我構工的，彼此都是鄰居，要不，就是同學、親戚，高先生就住在湯師傅家對面，昨天一來，看到負責水電工程的林先生，就大喊：「同學！」原來他們是隔壁班同學，（負責鋁門窗的小馬先生，則是負責鐵工的水鹿先生的同班同學）老同學見面，份外親切，掏出檳榔來，相互敬煙，以酒代茶，一杯保利達B加維他露入喉，談笑也更爽辣了！

今天隨壓送車同行的，還有高太太。

又是一對夫唱婦隨的二人工作小組。

在鄉間，許多小工程都是由夫妻包辦（有時，視情況需要，再增雇搭配人手），泥作的湯師傅夫妻也是，他們每天生活一起，工作一起，默契十足，男為主，妻為輔，工程施作過程，往往無需言語，一個眼神，一個動作，彼此就知道下一步該幹什麼，做事特別順手。

夫妻倆協手工作著，一邊扯淡，家事、閒事、天下事，想到啥聊啥，女兒換工作、鄰居老花眼鏡忘在爐邊、西邊的誰家娶媳婦兒、東邊的誰家辦喪事、時機歹、景氣差、總統施政欠佳、立委又鬧公堂……。我時而進出工地，送茶水、點心，關心工作情形，聽著他們閒聊，頗覺有趣，偶爾也搭腔幾句。

這會兒，高先生夫婦合力將口徑約二十公分的「青龍」鎖在懸臂式機具出口，為避免傷及工作室正面的一整排龍柏樹，高先生操縱著懸壁式輸送機具，升高越過屋頂，再從後門窗伸進屋內灌漿。

若是一般工程，十八立方米的泥漿只需兩趟混凝土車，但因山居大門入口彎道太陡，湯師傅擔心混凝土車太重，萬一爬不上來會導致危險，因此分為三趟運送，分次輸入壓送車斗，再由幫浦施壓灌漿。如此雖得增加花費，但工安第一，這錢省不得。

青龍噴出大量攪絆了泥沙與小碎石的泥漿，水泥工踩實牆腳週沿，隨即以泥耙粗整泥漿，緊接著，湯師傅拿起長長的木板，以自己為中心點，向外划圓，很快就將地面順平。

從室內、後院、廁所、前庭，到屋舍三面犬走的地坪，忙乎大半個早上，完工時，才十點多，晨起烘烤的麵包正可出爐，煮上兩壺咖啡，大夥兒坐在樹下（呵！水鹿先生還是愛蹲著）吃麵包、喝咖啡，話匣子一開，從工作聊到生活，從咖啡聊到茶，又從大陸茶聊到臺灣比賽茶，你一句我一句地搶著說，笑聲不斷。

92 山居筆記

夾層完成後，我刷了一整天的油漆。銀漆欄杆將搭配龍柏枝椏與樟木梯。

近日事忙，難得停下腳步。

驀然發現，後院的橘子紅透了，前院，百朵茶花幾已落盡，滿地慘淒花魂無人收，倒是為爭陽光而枝幹斜出的白櫻樹，在未察間綻放白櫻朵朵，另一枝椏則綠葉茵翠，而斜坡上與菜園裡的楓葉由黃轉紅，陽光穿透葉隙，遠遠望去，楓紅灑著光，半透明，似血，淒豔。

大自然的四時興替，默默進行，不發一語喧鬧，卻內蘊無窮，讓人震懾。

我渴望這樣的力量，在創作、在生活，安靜而熱烈，輕盈而深邃，一種超乎言語的智慧。

＊＊＊

我們打算只要能做的，盡量廢物利用，自己動手設計、打造，前幾天為了整理三根原住民雕刻的大柱子，累得都快直不起腰了！但是當門柱架妥時，內心的滿足難以言語形容。

＊＊＊

利用之前收購的舊木料，設計水槽和置物櫃，預備放在工作室廁所裡。借來電鋸和電動螺絲起子，先將厚實的原木鋸開、再一片片栓合，沒想到那原木如此堅硬，竟連電動螺絲起子都不易鑽過，費了九牛二虎之力，才勉強成型。

利用廢木料做成的置物箱預計放在浴室，上面將放置也是廢物利用改良的水槽，水管管線就藏在置物箱裡不外露，其他空間則放置清潔用品。

利用廢木料做傢俱。

山居筆記 93

林務局的人突然到訪，說是此處被通報違建，我出示地權證明，純屬子烏虛有，來者確認無誤，道歉離去。

「我知道是誰。」水鹿先生悄聲告訴我，應是附近經營民宿的X先生。

X先生是臺北人，一搬來，就在其產權地界上圍住通道（山村裡有不少私人土地自古就是農路），使得村民需繞經其他途徑才能上山耕作，而部份土地也因無路可通達，喪失價值，X先生進而挾此壓低價格，與地主洽談收購，引發村民不滿。

幾年前，水鹿先生的鹿舍曾遭竊，因此入口處搭設鐵門，防範宵小，因X先生出門時習慣從這條小徑通往馬路，水鹿先生就多備了一份鐵門鑰匙給他，但X先生仍向警局告狀，說這道鐵門侵犯公有路權，要求拆除，警察酌情理解後，希望他們能私下合解。諸如此類的事，層出不窮，村民們提起他都搖頭。

土親、鄉親、人親，臺灣鄉村濃厚的人情味，是我移居鹿小村後最感珍貴的。

可惜，X先生遷住此處十多年了，卻未能敦親睦鄰，如此，就算擁有再多土地，民宿生意再好，又如何呢？失去最珍貴的鄉里民親，在我看來，得不償失。

山居筆記 94

又一次因錯得福？

監工果然不易，稍一疏忽，發現應釘上捲鐵清板的那片牆面，竟被師傅們貼滿磁磚，好鬱卒，原預計將來可以將未完成的水墨畫用磁鐵吸附於鐵板牆面，利於創作過程中觀看、修改。

這下，得另尋補救之道。

一般畫廊常用的「吊圖式輪用軌道」閃進腦海。

之前，我就一直尋思著如何以畫來代替窗簾，並希望能夠隨意張掛、替換、取下、收納，卻只是腹案，並未具體成型，若非因牆面貼錯，我可能不會為了彌補改善，聯想到這個既輕巧又靈活的替代方案。

構工以來，許多次正是因為失誤或不順利，促使我得動腦筋改善，反而因此看到原先忽略的細節，以新方案獲致更好的成果。

若過程中一切順利，或也就失去逐步修正的好機會。

猶如佛法中常被提到的逆增上緣，若能把負面、挫折的一切內化為進步的動力，人生也就萬般皆美、日日是好。

山居筆記 95

盛暑炎夏，容易胃口不佳，該做什麼款待從臺北來訪的朋友一家人呢？我想起紅門外的一大片牧草，戴上草帽領大夥兒去採鮮。

牧草高及人身，在豔陽下翠綠挺拔，那是為豐富水鹿嚼食而種的，但水鹿先生慷慨地教導我們如何挑精揀嫩、如何剝取嫩莖心尾入菜。

牧草心為原住民傳統野菜。有一回，我參加豐年祭，阿美族朋友將牧草心略汆燙後，捲在烤熟的山豬肉薄片裡，吃起來就像蘆筍，但比蘆筍多了一份特殊的清香和奶味。

雖然，在鄉下地方，隨處常可見路旁、溪邊河床的野生牧草，但不建議隨便採來食用，因為汽車油煙會沾染葉片，鄰近若有養殖戶或農戶噴灑農藥，也易有土壤污染與農藥污染疑慮，而且野生多是原始品種，莖部茸毛多，口感欠佳，營養價值也較低，而經改良的狼尾草台畜二號，少有病蟲害，不需施農藥或化肥，較適合用作食材。

當日所採的正是狼尾草台畜二號，營養價值是一般蔬菜的五倍，更高於小麥草、明日葉，富含豐富的纖維素、維生素B、C、D、E、電解質、鈣質、微量元素、胺基酸、礦物質、葉綠素等，尤其牧草內含酵素，能幫助人體代謝，是具有極高悅性能量的生存源泉，常被做為抗癌、防癌的食療妙方，最重要的是，它體性溫和，口感又好，不怕多食（而小麥草、半天筍、甘蔗筍等食材，性寒銳利，不宜過量。）

牧草就像百變綠寶，可以有很多吃法。

除了入菜，燜、煮、炒、炸、蒸、涼拌外，也很適合打成牧草汁、或加入各種堅果打成精力湯。

但剝取牧草心很費工，那天，我花了半個多小時才取得炒一盤菜的份量，多數人會將纖維較粗的末段扔棄，但未免太暴殄天物了，其實不妨用以打汁或製作精力湯！

記錄了當天的牧草心食譜：

A「青春之泉」鳳梨牧草汁

牧草帶有一股特殊的清甜與奶香味，常被稱為綠色牛奶。

有些人是將牧草葉加水，以高倍速果汁機充分打碎後過濾，但我嫌其草澀味重，且葉片雖富含葉綠素，營養價值仍不及牧草心高，所以我更愛以牧草心打汁。

備料：牧草心半斤（纖維較粗、不易入菜的牧草心末段也ＯＫ）、鳳梨半顆切片、檸檬汁適量，依個人偏愛添加。

做法：

一、將牧草心置入湯鍋內，加整鍋水煮熟後，蓋涼備用。

二、將牧草心撈起，與鳳梨片一起以高功率果汁機打碎成泥，再加入煮牧草心的水、和檸檬汁攪絆均勻即可。

除非特別嗜甜，否則不必加糖，就有很舒服的甜香味，並強烈建議不要過濾，把纖維一起喝下去，牧草心與鳳梨都具有高酵素、高纖維，能促進腸胃蠕動，助消化、去油膩，是健康減肥聖品，清早一杯下肚，保証感覺神清氣爽，活力充沛。

煮過的牧草心，獨特的奶香會更濃郁，打成牧草汁後，口感比麥草汁更勝一籌，少部份人體質較寒，喝了麥草汁，會感到暈眩或手腳發冷，但牧草是熱帶及亞熱帶作物，經太陽照射行光合作用，性情溫良，即使體質較寒的人飲用，也沒有問題。

B「能量之源」翠玉富貴筍

炎夏燥熱，容易中暑，鮮嫩青翠的牧草心，是解暑佳餚，口感略似蘆筍又有點像青蔥，甘甜中帶著溫潤的奶香，散發富貴之氣，因此又有「富貴筍」的美譽。尤其與客家福菜和木耳絲伴炒時，特別能突顯其清脆回甘的特點。

備料：牧草心半斤，木耳絲、胡蘿蔔絲、福菜少許，三層肉二百克；

佐料：大蒜四、五瓣，太白粉、鹽少許

做法：

一、處理材料備用。

1. 牧草嫩心切成食指長度。
2. 乾木耳泡水一小時變軟後切絲，胡蘿蔔切絲。
3. 覆菜洗後切絲（請直切＋橫切，以免曬乾的覆菜煮後膨漲太大片）。
4. 大蒜橫切成薄片。
5. 三層肉切成薄片，除下部份肥肉切小塊。

二、先取一半肥肉小塊入鍋，小火煸出油脂，放入一半蒜片爆香，放入2。

三、4炒熟，加入小半碗水，燜兩、三分鐘、起鍋備用。

四、另一半肥肉小塊入鍋，以小火煸出油脂，放入另一半蒜片爆香，放入1大火快炒（視牧草心份量、粗細、嫩度，約炒三～五分鐘）。

五、將步驟二入鍋，加少許塩（覆菜本身就有鹹度，依個人口味酌量加塩）拌炒，熄火。

山居筆記 96

工作室主體結構已接近完成，接下去的細部裝飾，左、右、後牆壁畫上的水鹿、花鳥蟲魚等，可能會部份披土做成浮雕效果。賸餘的建材盡可以廢物利用，例如室內壁面用賸的花崗岩片，被我切割成各種長、短、大、小、形狀不一的石片，與之前從溪裡撿來的石頭拼貼在牆面上，事前不做任何圖面設計，有空時，就隨興亂貼，朋友或家人有興趣時，也可以任意選一片牆來玩創意。

我很好奇，這些牆面、這間工作室「最後」會變成什麼樣子？但或許永遠沒有「最後」，也永遠不會「完工」，每個住在這裡的、來到這裡的人，都可能留下一些什麼、改變一些什麼，生生不息。

這是陳暐的作品——他貼的牆面挺可愛的，不是嗎？

過年期間，兒子邀同學們到南投山居度假，一時興起，也讓他們玩牆面，但年輕人似乎耐性不足，開始興致勃勃，卻沒多久就休工了。

這是陳一熙貼的牆面 —— 別看這麼簡單，那可是他觀察、思考很久才下手貼的喲！那天他鼻子過敏得嚴重，難為他了！

這是胡又文貼的牆面 —— 老公說有點像機器人？但陳暐在ＦＢ上寫：他做的是 CHESS（西洋棋）中的城堡吶！

山居筆記 97

今晨，咖啡花開，之前採訪過的一位國姓鄉農民特別打電話通知我。

悶濕的心情似乎照進了光，嗜飲咖啡多年，還是頭一遭有幸遇見咖啡花。

斜風細雨中，我撐傘走進咖啡園近觀，但見十幾、二十幾朵小花簇生於葉腋，宛若白色花球一簇簇地在枝上形成美麗的花串。那香味幽然，漫洇於潮濕的空氣中，近似茉莉花香的清雅，但較明朗些，飄逸中，別有一股爽颯。

可惜，咖啡花短壽，兩、三天就會凋謝，接著漸漸長出綠色果實，待成熟為櫻桃紅，俗稱櫻桃豆時，就能採收。

氣候、土質與自然農法栽種，加上人工採摘，層層把關篩選，國姓咖啡不僅比一般進口咖啡質優，口感香韻甚至不輸國外莊園級精品咖啡，且檢驗「無農藥殘留、低咖啡因」，就算晚間連喝數杯，也不會心悸或睡不著！

因為愛喝咖啡，我對咖啡花特別好奇，倍覺親切！

據說阿拉比卡咖啡每年約可開花四次，每次間隔約一星期，也就是說，在最近兩個月內，只要下雨過後，都有機會欣賞到花開美景。「透早，在眠夢中就聞到花香，醒過來，跑出去看，發現園子裡開滿了白花，有夠水、有夠香啦！」農民說著，笑聲朗朗。

我想像著他的描述，腦中浮現一個孩子在莊園裡奔跑，瞪大好奇的眼睛四下張望，斜風細雨中，花的雪白，葉的濃綠，霧氣霮霮如墨色淋漓，層層化開。

回家後，畫了咖啡花與咖啡果。

山居筆記 98

接連數日陰雨，路面長了青苔，心情也濕漉漉地，閒在家中整理畫作。

我一直很喜歡麻雀、芭蕉、松鼠這類素樸的題材。

雖然只要是美好的藝術形式，都會觸動人心，我都喜歡、也常被美好的一切事物感動，卻更偏愛庶民文化。

學習蹲下身段，珍視身邊的尋常小事，從中發現生命的美好、與深度，沒有華而不實的豔麗光彩，這樣深深自我期許著。

松鼠摘我的土芭樂。

花影如霧。

松鼠想吃葡萄。

晨間，白頭翁在南洋松枝上嬉戲。

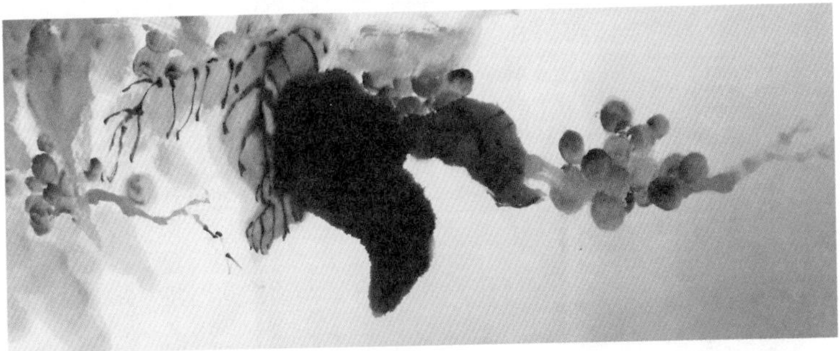

畫枝上結實累累的咖啡豆，乍看還以為是葡萄。

鄰居家種的絲瓜。

被我誤殺的土芭藥小娃娃。

山居筆記 99

春夏之交，蛇常出沒，最近，就遇到兩次。

日前午后大雨，打開掛在工作室門外的傘，赫然掉下一坨麻花捲似的「繩子」，色白而帶著黑條紋，約莫食指般粗，我疑惑地盯著它瞧，腦海閃過——「蛇」？

「老公，好像有蛇喔……」我遲疑地，嚷了一聲。

小傢伙原本可能在睡覺、反被我的叫聲嚇醒吧？突然動起來——果然是蛇！

「有蛇！有蛇啦！老公！」我放聲尖叫。

小蛇大概嚇壞了吧？溜地快速逃離，等老公姍姍來遲，早就不見蹤跡。

昨天，在門庭前掃地時，樹下，一條直徑約莫四、五公分的蛇突然昂起上半身，朝我望過來，我嚇得不敢動，蛇左顧右盼一會兒，就扭呀扭呀地往山居邊緣溜走。

兩次有驚無險，怕嗎？當然。

不過，雖然怕，我還真擁有一條蛇呢！

其實只是蛇蛻啦。牠每年來山中奇人家附近蛻皮，我覺得有趣，山中奇人就把今年的蛇蛻送給我。蛇蛻毫無破損，蛇頭的形狀、嘴與眼睛都非常完整。

這條蛇長約 2.5 公尺，為了拍照，身高 178 公分的老公捧著牠站上椅子，蛇尾巴仍垂在地上，只好對折托成兩截來拍。怪了，是否有人懷疑這蛇咋會這麼乖咧？隨人揉捏也不會抗議？

我們是這樣充滿歡樂。

構工過程雖然辛苦，但工作時有說有笑地，點心時間一到，坐在樹蔭下休息片刻，雖沒有什麼山珍海味，家裡有啥就端啥出來，但就算多日沒出門補糧，再不濟也有現烤的麵包、果醬和研磨咖啡，大家都笑說：「在這裡工作，會胖好幾公斤。」水鹿先生則煩惱地說：「我擔心現在吃慣了，以後換地方工作，時間一到，卻沒得吃，怎麼辦？一定會餓得受不了！」

為免後患，他甚至請求別再供應點心。

顯然他真的很困擾，這事提了許多次，我也只好從善如流，改為只供應午后點心，我知道，構工完畢後，水鹿先生還要去餵鹿、砍鹿仔樹，往往得忙到八點多，生性勤儉的他，甚少在外購餐，回到家早已飢腸轆轆，所以就加大給他的份量，收盤時，見盤底一掃而光，我樂意，他也開懷。

泥作將撤那天，是我們的大日子。

特意留下一片牆，把每個構工者都找來，在牆上簽名留念。

泥作頭目湯先生，可慎重其事了。

剛開始，他扭扭捏捏，直推說字太醜，不肯寫，在眾人齊拱下，害羞地簽了名。

偷偷爆料一下，後來他約莫是覺得寫不夠好，在大家沒注意時，悄悄又抹平水泥，重簽了兩、三次名字才滿意，呵呵，我都注意到了啦！

有朝一日，當他們牽著自己的孩子、孫子來，指著工作室的某些部份，或許說：「這是爸爸或阿公以前蓋的喲！」然後在這片牆上找到自己的名字，臉上露出得意快慰的笑容。

感念每個曾為工作室盡力的夥伴，雖然隨著工作室逐漸成型，泥作、水電、鐵工等等將會陸續撤離，但我珍惜著這一切深深淺淺的緣。

特意留下一片牆，把每個構工者都找來，在牆上簽名留念。

山居筆記101

有著這樣的期盼，但願構成山居與工作室的各項元素，庭園裡的花草樹木、植栽造景，室內的一桌一器，一窗一物……，背後都有著屬於它們的故事。

就像祖父的家窗一樣。

而今，那套前埔里鎮長岳父家的舊窗，並未因為房子改建就成了廢物，移裝在山居新落成的工作室某片牆面上，繼續訴說著來祖父家窗的故事。

我入山居的初衷與生活實踐，究竟做到幾分？無以評價、也無以衡量，我只是做了，隨緣而行，走到哪裡，就是哪裡，不期待結果，也不預設終點。

時間會溜逝，但山居和工作室卻會「成長」，構成山居與工作室的物件或來自各處的收藏會日漸增生，人來、人去，隱在背後的一個個故事，會被仔細記錄下來，向朋友訴說著，朋友又向朋友再訴說，一直一直地在歲月裡繁殖，永遠不死……。

二魚文化　文學花園　C102

山居，鹿小村

作　　者　楊麗玲
責任編輯　李亮瑩
美術設計　費得貞
編輯主任　葉菁燕
讀者服務　詹淑真

出 版 者　二魚文化事業有限公司
地址　106 臺北市大安區和平東路一段 121 號 3 樓之 2
網址　www.2-fishes.com
電話　(02)23515288
傳真　(02)23518061
郵政劃撥帳號　19625599
劃撥戶名　二魚文化事業有限公司
法律顧問　林鈺雄律師事務所

總 經 銷　大和書報圖書股份有限公司
電話　(02)89902588
傳真　(02)22901658

製版印刷　彩峰造藝印像股份有限公司
初版一刷　二〇一四年二月
I S B N　978-986-5813-18-5
定　　價　二六〇元

題字篆印　李蕭錕

國家圖書館出版品預行編目(CIP)資料

山居，鹿小村/ 楊麗玲著. -- 初版. --
臺北市：二魚文化, 2014.02
224面；14.8x21公分. -- (文學花園；
C102)
ISBN 978-986-5813-18-5(平裝)
1.旅遊 2.南投縣

733.9/119.6　　102026100

二魚文化 讀者回函卡　讀者服務專線：（02）23515288

感謝您購買此書，為了更貼近讀者的需求，出版您想閱讀的書籍，請撥冗填寫回函卡，二魚將不定時提供您最新出版訊息、優惠活動通知。
若有寶貴的建議，也歡迎您 e-mail 至 2fishes@2-fishes.com，我們會更加努力，謝謝！

姓名：__________ 性別：☐男 ☐女 職業：__________

出生日期：西元 ____ 年 ___ 月 ___ 日 E-mail：__________

地址：☐☐☐☐☐ ________ 縣市 ________ 鄉鎮市區 ________ 路街 ____ 段 ____ 巷 ____ 弄 ____ 號 ____ 樓

電話：（市內）__________ （手機）__________

1. 您從哪裡得知本書的訊息？

☐逛書店時
☐逛便利商店時
☐上量販店時
☐朋友強力推薦
☐網路書店（站名：__________）
☐看報紙（報名：__________）
☐聽廣播（電臺：__________）
☐看電視（節目：__________）
☐其他地方，是 __________

2. 您在哪裡買到這本書？

☐書店，哪一家 __________
☐量販店，哪一家 __________
☐便利商店，哪一家 __________
☐網路書店，哪一家 __________
☐其他 __________

3. 您買這本書時，有沒有折扣或是減價？

☐有，折扣或是買的價格是 __________
☐沒有

4. 這本書哪些地方吸引您？（可複選）

☐內容剛好是您需要的
☐價格便宜
☐是您喜歡的作者
☐封面設計很漂亮
☐內頁排版閱讀舒適
☐您是二魚的忠實讀者

5. 哪些主題是您感興趣的？（可複選）

☐新詩 ☐散文 ☐小說 ☐商業理財 ☐藝術設計 ☐人文史地 ☐社會科學
☐自然科普 ☐醫療保健 ☐心靈勵志 ☐飲食 ☐生活風格 ☐旅遊 ☐宗教命理 ☐親子教養
☐其他主題，如：__________

6. 對於本書，您希望哪些地方再加強？或其他寶貴意見？

____

____

廣告回信
臺北郵局登記證
臺北廣字第02430號
免貼郵票

106 臺北市大安區和平東路一段 121 號 3 樓之 2

二魚文化事業有限公司 收

請沿線剪下後，對折以膠帶黏貼，免貼郵票，直接投入郵筒寄回！

文學花園系列

C102 山居，鹿小村

●姓名

●地址

二魚文化